العلاقـــات العامـــة

رؤيـــة معاصـــرة

الأستاذ الدكتور
عبد الرزاق محمد الدليمي
عميد كلية الإعلام
جامعة الشرق الأوسط

دار وائل للنشر
الطبعة الأولى
2010

رقم الايداع لدى دائرة المكتبة الوطنية : (2010/6/2127)

الدليمي ، عبد الرزاق محمد

العلاقات العامة: رؤية معاصرة / عبد الرزاق محمد الديمي.

– عمان: دار وائل للنشر والتوزيع ، 2010 .

(244) ص

ر.إ. : (2010/6/2127)

الواصفات: العلاقات العامة

* تم إعداد بيانات الفهرسة والتصنيف الأولية من قبل دائرة المكتبة الوطنية

****

رقم التصنيف العشري / ديوي : 659.2

(ردمك)   ISBN 978-9957-11-903-4

* العلاقـات العامة – رؤية معاصرة
* الأستاذ الدكتور عبد الرزاق الدليمي
* الطبعـة الأولى 2010
* جميع الحقوق محفوظة للناشر

دار وائــل للنشر والتوزيع

* الأردن - عمان - شارع الجمعية العلمية الملكية - مبنى الجامعة الاردنية الاستثماري رقم (2) الطابق الثاني

هـاتف : 5338410-6-00962 - فاكس : 5331661-6-00962 : ص. ب (1615 - الجبيهة)

* الأردن - عمان - وسط البلد - مجمع الفحيص التجـاري- هـاتف: 4627627-6-00962

www.darwael.com

E-Mail: Wael@Darwael.Com

المحتويات

المقدمة

برزت العلاقات العامة في السنوات الأخيرة كجهود ومسؤوليات علمية وعملية كبيرة، إذ اصبحت تهيمن على أغلب مهام الدوائر والمؤسسات الرسمية والخاصه واصبح اسم العلاقات العامة مؤشراً للتميـز لدى كبار المسؤولين وبات كل شيء مطلوب ويخص الانجاز والتحضير يتم عن طريق العلاقات العامة بعـد ان فرضت نفسها لـدى كافة المفاصل الحكومية والمؤسسات والبنوك والشركات الكبرى ذات الانتشار الواسع.

لقد اصبح وجود العلاقات العامة في أغلب دول العالم لاسيما المتقدمه منها على مستوى عال من التنظيم والترتيب وتحتضن ميزة السبق في إبراز ما تنشره وسائل الاعلام المختلفه، ومن هنا جـاء تأكيـد السيد هوارد والدن كتلر بأن الكسـب الزمني والاختصار في الاسـلوب العملي قـد أفـاد المركزية الاداريـة للوظيفة القيادية مما يؤكد بأن العلاقات العامة تمثل نشاطا بناء فرضته بصورته الحاليـة ظروف المجتمـع الحديث.

ويرتكز نشاط العلاقات العامة على قاعدتين اساسيتين هما (الأداء النافع الناجح والأخبار الصادقة)، وكل منهما تكمل الاخرى ولا يمكن ان تكون بديلة عنها.

إن الحديث عن دور العلاقات العامة كونها اصبحت مكتسبا اتصاليا وإداريا وعلما متميزا من علوم الاتصال و الادارة الحديثة لا يمكن الاستغناء عنها بأي حال من الأحوال، ولهذا أصبحت أغلب المكتبات العربية تكتنز بالعديد والكثير جدا من صنوف المؤلفات وكتب العلاقات العامة، وتخصص لعلومها شخصيات لها مكانتها في التدريس والتوجيه في فلسفة وعلوم العلاقات العامة.

ومع كل الاهميه التي ارتقت اليها العلاقات العامـه كفـن وعلم وحرفه في العالم المتمدن الا اننا نرى ان طبيعة دورها ونشـاطها وهيمنتها مـن حيـث الأداء والتطبيق داخـل البنيه المؤسساتيه العربية لاتأخذ المكانه التي تستحقها بل ان الذي نلاحظه ان هناك ثمة

تقهقر إلى الحد الذي اصبح دورها محصوراً في بعض الممارسات الشكليه التقليديه مثل تنظيم المقابلات مع الهيئات القيادية في المؤسسات او الوزارات أو الهيئات العليا أو أنها تقوم بصياغة خبر مقتضب وبشكل غير حرفي عن بعض الانشطه كالاجتماعات، وهو ابعد مايكون عن الدور الذي رسمه أيفي لي او ادوارد بيرنيز الذين وضعوا أسس فن وعلم العلاقات العامة، ولأنها علم وفن واتصال وإدارة وعمل فإن المرافق الحكومية ومؤسسات القطاع الخاص، لا غنى لها أبدا عن هذه الوسيله الضامنه للنجاح وبالشكل الذي يخولها تأدية مهامها داخل المؤسسة وهي تجسيد للأعمال والمسؤوليات التي اهتم وضعها العلماء والمختصون بالعلاقات العامه الحديثه لتكون المرفق الحيوي والنابض بالعمل والحركة الدائبين ولاسيما باختيار الطاقات الشابة الكفوءه المدربه الذين أهلتهم الجامعات والمعاهد والقنوات العلمية لممارسة هذا الفن والعلم والمعرفة.

ان هذا الكتاب محاوله جاده لرسم معالم الطريق نحو فهم وادراك واهمية وخطورة المهام التي يمكن ان تضطلع بها العلاقات العامه لاسيما مايتعلق بالهندسه البشريه باعتبارها الجزء الاكثر حيويه في خطط وممارسات العلاقات العامه في عصرنا الحاضر ومن الله التوفيق.

الاستاذ الدكتور

عبدالرزاق محمد الدليمي

عميد كلية الاعلام

جامعة الشرق الاوسط

الفصل الأول

تمهيد

رؤية معاصرة في تاريخ العلاقات العامة

مؤسسوا العلاقات العامة (أيفي لي وادوارد بيرنيز)

لغة العلاقات العامة

تعريف أبتدائي

الإعلان والعلاقات العامة

الدعاية والعلاقات العامة

العلاقات العامة الداخلية

العلاقات العامة الخارجية

فلسفة العلاقات العامة

مناخ ملائم

عقليه متفحصه (اعلام ، علاقات عامة ، تواصل)

اقناع متستر وصدق

تمهيد

أن إقناع الراي العام لا يمكن أن يتحقق بدون الحصول على عطفها ورضاها أو كسب ودها، وهذا ما سبق ان تنبه اليه ملوك وقادة الحضارات القديمه قبل الاف السنين في العراق ومن بعده بفترات في مصر وهو ما اهتم به ارسطو الذي أجرى في بحثه الشهير "البلاغة" معالجة علمية لمسألة فن مخاطبة الجماهير. كذلك أولى مفكروا الإغريق أهتمامهم بالرأي العام، الذي لم يكن يطلق عليه آنذاك هذا المصطلح، حيث كان السفاسطة يجتمعون في مدرجات المسارح ليروجوا للمرشحين لشغل المناصب السياسية الرفيعة بأسلوب أدبي يعتمد مفهوم الإقناع وكان المربي والفيلسوف الإغريقي "سقراط" قد وضع لتلاميذه مجموعة من القواعد والأسس لنموذج الحوار والنقاش الناجح لاي موضوع معين، تأخذ بعين الاعتبار الاعتراف بأحترام آراء كل المشاركين في الحوار والنظر اليهم من مسافات متساويه لاسيما في عرض وجهات نظرهم، مع الأخذ بالحسبان نقاط الخلاف والاتفاق بين جميع الأطراف.

ان العلاقات العامة نشاط يستهدف الكثير من الاتصال والتفاهم بين المؤسسه والافراد او الجمهور. وتعني أيضًا الواجبات المحددة التي يؤديها اناس سيدركون ماهية هذه المهنة. ولا غنى لكل الشركات والمنشآت التعليمية والجماعات الدينية والإدارات الحكومية، ونقابات العمال والجماعات الترفيهية وغيرها من استخدام العلاقات العامة، وتتنوع تشكيلات هذه الجماعات من موظفين ومساهمين و مجتمعات متكاملة أو رجال اعلام. ويتم الاتصال بين أية مؤسسة وجمهورها عبر المعلومات ، التي تتوفر عادة من خلال الحملات الإعلامية المدروسة. وتستهدف ايصال رسائل محدده لكسب رضا الجمهور وتلبيِّةِ احتياجاته الذي يعتبر الاساس الذي تقوم عليه انشطة وفعاليات العلاقات العامة. وبدون تحقيق ذلك فان الجمهور لن يساندها .وعادة ما يقوم مستشاروا العلاقات العامة في أية مؤسسة بمهمة اكتشاف رغبات الجمهور، وتحديد الخطوات

المطلوبة لاستيعابها على شكل برامج تنفذ على الاغلب من قبل جهات متخصصه كاقسام العلاقات العامة بالشركات او الوكالات المتخصصه بالعلاقات العامة، ويقدم الاختصاصيون أستشاراتهم للعديد من المؤسسات أو الأفراد الذين يسمون العملاء. وكثير من المؤسسات غير الانتاجية عادة ماتكون، لديها إدارات للمعلومات تعمل على تحسين صورة المؤسسة.

وتتبع كثير من دوائر العلاقات العامة الناجحة عدة اساليب وانواع من الأنشطة لتحقيق اهداف المؤسسة وفي مقدمتها اعتماد البحوث العلمية التي تساعد الإدارة العليا في المؤسسة على تحديد سياساتها وممارساتها كما تضع لها آلاليات المناسبة للاستثمار الامثل لوسائل الاتصال. ويعتمد مستشاروا العلاقات العامة على البحوث العلمية واستطلاعات الرأي في الحصول على معلومات عن الجمهورالمستهدف .فخبراء العلاقات العامه يركزون على جمع المعلومات والمشكلات في الصناعة او التجارة او اي نوع من مجتمعات الانتاج. في حين يهتمون في جمع معلومات عن الرأي العام في المجال السياسي، كي يعرف المرشح مثلا للانتخابات الامور التي يجب التركيز عليها خلال حملته الانتخابية. كما يجب على خبراء العلاقات العامه تقييم نتائج الانشطة والفعاليات على مسار حملة المرشح الانتخابية. وتشكل وسائل الاتصال بين المؤسسة والجمهور الجانب المهم لنجاح الحملات التي تنظمها العلاقات العامة. ويجب هنا مراعاة طبيعة وحجم ونوع المؤسسات الحديثة وتركيبتها والتي قد لاتساعد في استخدام الاتصال المباشر بالأفراد. وهذا مايضطرها الى استخدام الوسائل الإعلامية الضخمة للاتصال بالجمهور. طالمًا انها تهدف استقطاب جماعات اوسع من الافراد والجماعات الذين ينسجمون او يهتمون بذات اهتمام المؤسسة.

ويستخدم مستشاروا العلاقات العامة عدد من الاساليب للاتصال الناجح بالجمهور ابرزها الإعلان مدفوع الأجر، والاتصالات غير الشخصية عبر وسائل الإعلام والدعاية. وكذلك استخدام الملصقات والبريد والصحف والإذاعة والتلفزيون وغيرها

لتدعيم موقف المؤسسة عبر التغطية الإعلامية الإيجابية عبر وسائل الإعلام. أما جماعات الضغط (اللوبي)، فيتم استثمارها للتأثير على انتخابات الهيئات التشريعية لتقديم الدعم لمصالح المؤسسة. ويستطيع موظفو العلاقات العامة اكتشاف الثغرات في وسائل الاتصال عندما يحللوا إجابات الجمهور عبر استطلاعات الرأي التي يجروها عادة او من خلال الخطابات والاتصالات الهاتفية، أو بطريقة غير مباشرة، كما يحدث عندما يستجيب المستهلكون لحملة العلاقات العامة بإقبالهم على شراء أو رفض منتجات معينة.

لقد بات واضحا ان دور العلاقات العامة لم يعد يقتصر على التعريف بانشطه اجهزتها بل تجاوزها ليمتد لاستقبال المعلومات من الجمهور ويعمل من خلالها على تطويرها، وكما ان لها دور في تلبية رغبات وحاجات الجمهور من نواحي مختلفة وخلق صورة ذهنية ايجابية عن المؤسسة .

ان مفهوم العلاقات العامة مازال غامضاً عند الكثيرين أو ملتبساً بعض الشئ من حيث أهدافها، وممارساتها ، ودورها في النهوض بالمؤسسة وبالمجتمع ومع كل مايقال عن العلاقات العامة فأن أهميتها تزداد في تنظيم العلاقات الإنسانية على أسس من التعاون والانسجام وضمان التفاهم بين المؤسسات بمختلف أنشطتها الثقافية والاقتصادية والاجتماعية ومع الجمهور من جهة أخرى ... وذلك لإقامة علاقات ودية سليمة بين الطرفين عبر مجموعة الوسائل المستخدمة بهدف الحصول على تأييدهم لسياساتها وتعاطفهم معها، وذلك لتشجيع استمرارها وتطورها وبالتالي تمثل في النهاية المجموعة المنسجمة المتكاملة مع العلاقات الاجتماعية المتولدة عن النشاط الاقتصادي في إطار من الولاء للمؤسسة وفي إطار المعلومات الواضحة الحقيقية .

ويبرز هنا اهمية الدور المميز للإعلام في تحقيق ما تصبو اليه العلاقات العامة لاسيما في عصر الفضائيات والانترنيت باعتباره محور للصناعات الثقافية وأساس الاستراتيجيات المعرفية ومرتكز العلم.

صحيح ان العلاقات العامة بدأت بمفهومها الحديث لخدمة قطاع الاقتصاد والمال حيث يجمع علماء الاتصال والعلاقات العامة وهو ماقام به الصحفي الأمريكي إيفي لي (مؤسس العلاقات العامة الحديثة)، الذي كان يشتغل صحفيا بمكتب الصحافة التابع للجنة الوطنية الديموقراطية بالولايات المتحدة الأمريكية، وما دعى ايفي لي للاهتمام بموضوع العلاقات العامة هو عدم رضاه عن طبيعة العلاقات السائدة بين أرباب العمل والعمال، لاسيما مع الأزمات الاقتصادية التي شهدها العالم مع مطالع القرن العشرين، اذ تأثرت الطبقة العاملة، وانحدر المستوى المعيشي لها، وسرح الكثير من العمال من عملهم (مثل ما يحدث الان في العالم)، مما أدى إلى نمو جو السخط والغضب الشعبي من ممارسات أرباب العمل الذين ظهروا بمظهر المستغل، وترسخت الصورة السلبية أنداك لرجال الصناعة في أذهان الجماهير، وارتبطت صورة رب العمل بصورة الوحش البشع المستغل مما وسع فرص العلاقات العامه لرمي طوق النجاة لهم وتحسين صورتهم.

لقد شهد العالم تطورا كبيرا مع نهايات القرن الماضي وبدايات القرن الحالي لاسيما في ظل التطور التكنولوجي في مجال الإعلام والاتصال، وبروز مجتمع معلوماتي قائم على أساس التداول الحر للمعلومات، وانحسار سلطة الدولة القومية والمؤسسات المحلية، وظهور مجتمع عالمي مفتوح يتجاوز حدود الجغرافيا الامر المشجع لبروز مؤسسات حديثة تعتمد بشكل رئيس على مخرجات ثورة التكنولوجيا في الاتصال والمعلومات واسلوب تداولها بشكل ايسر، ومع كل ما حصل من تغيرات شملت كل مرافق الحياة فهناك الكثير من الباحثين وعلماء الاتصال يعتقدون ان مجتمعاتنا دخلت في قطيعة مع التاريخ، فظهرت رهانات جديدة غيرت بعمق المؤسسات البشرية. وحتى تضمن هذه المؤسسات حياتها وتستمر يستوجب عليها التكيف مع الثورة المعلوماتية التي تمس بشكل مباشر جوانب حياة المجتمعات المعاصرة .

فالمؤسسات التقليدية وجدت نفسها في سياق العولمة الاقتصادية، التي لا تعترف بالحدود القومية والمحلية، والموظفون في المؤسسات بعد أن كانوا مجرد مستقبلين سلبيين

للمعلومات أصبحوا متلقين فاعلين، لايلجأون بأنفسهم للمعلومات حسب، بـل أصبحوا شركاء اساسيين في الوصول إلى المعلومات، إننا أمام شكل جديد ومختلف لتسيير المؤسسات وإدارتها.

ان العلاقات العامة وسيلة لاغنى عنها اليوم وغدا في التعريف الصحيح المقنع بنشاط المؤسسات وكسب تاييد الجمهور والرضى عنها والبحث وجمع المعلومات واجراء بحوث الراي والاستطلاع وجمع معلومات عن الشركات المنافسة ومنتجاتها وجماهيرها وكذلك حتى في الحالة السياسية والتنافس بين الاحزاب لاسيما في مواسم الانتخابات وتوفير قنوات الاتصال المناسبة في الاتجاهين من المنظمة إلى الجماهير ومن الجماهير إلى المنظمة عن طريق الاتصال الشخصي او الاتصال الجماهيري اضافه الى تخطيط برامج العلاقات العامة وتنفيذها ووضع خطط وقائية وعلاجية لتحسين صورة المؤسسه الذهنية لدى الجماهير كأن تقوم بتقيم برامجها وخططها بشكل مستمر، كما تعتبر العلاقات العامة جهازا تنسيقيا بين ادارات المؤسسه المختلفة، اضافه الى التنسيق بين المؤسسه وجماهيرها.

فالعلاقات العامة اليوم تمثل الجهاز ألاكثر خطوره من غيره من حيث الدور الذي يلعبه في التحكم في العمليات الاتصالية التي تتم بين المستويات الادارية العليا والوسطى والدنيا وكذلك في علاقة المؤسسة مع جمهورها الداخلي منه والخارجي لتحقيق صورة بينية جيدة. وتقوم بعض المؤسسات بتقصي الحقائق حول مؤسسات اخرى لمعرفة نقاط القوة ونقاط الضعف التي تميز عمل المؤسسات الاخرى المنافسة.

إن تبني استراتيجية فعّالة مبنية على أساس برنامج علمي واضح وقابل للتحقيق هو أساس نجاح المؤسسة، التي تريد أن تنتهج سياسة اتصال شفافة مع جماهيرها، حتى تكون لنفسها أو لمنتوجها وخدماتها صورة طيبة اتجاه الجماهير. أن المؤسسة التي تؤمن بدور الاتصال والعلاقات العامة كوظيفة أساسية للتسيير الفعال تخصص مصلحة أو قسمًا خاصًا تطلق عليه عادة تسميات عدة، كمصلحة العلاقات العامة، قسم الاتصال، كما تكلف موظفا أو أكثر يقوم بمهام إعداد وتنفيذ برامج العلاقات العامة، وإعداد

استراتيجية عمل لتنفيذ هذه البرامج، وذلك بهدف تكوين وبنـاء صـورة حسنة، وعلاقات ثقة مع الجماهير التي تتعامل مع هذه المؤسسة، وتطلق عليه هـو أيضـا عـدة ألقـاب، كـالمكلف بالعلاقات العامة، عون العلاقات العامة ، مستشار العلاقات العامة، ضابط العلاقات العامة، بالنسبة لمن يشتغل في السلك العسكري.

لقد اصبحت العلاقات العامة أمراً لازماً بالنسبة للمنظمات الحكومية والخاصة، وحتى بالنسبة لمنظمات المجتمع المدني، حيث لا توجد منظمة تحتاج إلى وظيفة العلاقات العامة أكثر من احتياج منظمات المجتمع المدني لهذه الوظيفة، فطبيعة عمل منظمات المجتمع المدني القائم على مبدأ المشاركة والنزوع نحو العمل الطوعي وعدم الربحية يجعلها في حاجة ماسة للتواصل والاتصال المستمر بأفراد المجتمع لكي تضمن إقامة علاقات التفاهم والثقة المتبادلة مع جماهيرها، وبذلك يمكن حثهم على التجاوب مع سياساتها، أو التضحية بالجهد أو الوقت أو المال لدعمها في تحقيق أهدافها وتنفيذ برامجها،كما أن المنظمات تهتم أيضاً بوظيفة العلاقات العامة أكثر من غيرها من أجل ايجاد نوع بناء من التفاهم بينها وبين جماهيرها المعنية، وهي أساس نجاح المنظمات، حيث تفتقر في أوقات كثيرة إلى عناصر التقييم المادي لمعرفة مدى نجاحها في تحقيق أهدافها .

رؤيه معاصرة في تاريخ العلاقات العامة

إذا أردنا أن نسلط، الضوء على هذا الموضوع فلابد وان يمر ذلك، من خلال تطور البشرية حيث قصة من مارسوا العلاقات العامة من الأوائل، الذين تقدموا على المعاصرين، وفقا لتسلسلها التاريخي، وهذا ما أوجب علينا أن نستعرض في وقت واحد، التجربـة الثرية للعراقيين قبل الاف السنين مرورا ما ورد بالكتب السماويه مرورا بتجربة مصر والاغريق فهناك هوميروس، والأناباسيس لـ "كزينوفون" *، أو بـ " الأبولوجيا" و "

---

* كينوفون Xenophon : مؤرخ يوناني فلسفي، عاش بين القرنين الثالث والثاني ق. م وكان أحد تلاميذ سقراط له كتاب مشهور هو الأناباسيس .

كلمات مأثورة" لسقراط، ولا يتردد هـ . بينو، رئيس غرفة نقابة العلاقات العامة، في أن ينعت كتاب " حرب قيصر في بلاد الغال" بأنه مُؤلَف "علاقات عامة" من الطراز الأول، إذ بفضله كسب قيصر الانتخابات، ولولا هذا الكتاب الواقعي لما استطاع أحد التعرف إلى صفات قيصر ومناقبه. ولقد دأب أوغسطس على الاهتمام بالعلاقات العامة بفضل ميسين، وخصوصاً فيرجيل، الذي يؤلف كتابه " الجيورجية" برنامجاً قيماً للإعلام من نموذج "لائحة الضبط" للعودة إلى الأرض، محققاً العلاقات العامة في الزراعة في القرن الأول قبل المسيح. ويجب ألا نغفل ذكر " المديسي" هؤلاء الذين اهتموا بالعلاقات العامة قبل وجود هذه الكلمة، ولنقفز بجرأة من فلورنسا إلى فرساي حيث سبق لويس الرابع عشر(أيفي لي وادوارد بيرنيز). ولنسجل كذلك أن الناشرين، قبل خلق لفظة العلاقات العامة بكثير، كانوا قد أظهروا تقنية " الرجاء نشر" الذي هو أكمل مثال للاتصالات الفعالة.

ولاتزال مسألة تحديد هوية العلاقات العامه قابلة للجدل لاسيما تحديد، من هو أول من استعمل تعبير " العلاقات العامة" وهنا يرى ر. آ. باجيه كوك، رئيس المؤسسة اللندنية للعلاقات العامة إن توماس جفرسون الرئيس الثالث للولايات المتحدة، هو اول من استخدم هذا التعبير عندما استعاض عن هذا التعبير "بحالة نفسية" في تصريح له بمجلس الشيوخ سنة 1802. أما بالنسبة إلى هـ . فردية، فيرى ان صاحب السبق هو المحامي النيويوركي دورمان ايتون، الذي اختار هذه العبارة "العلاقات العامة وملزمات المهن الشرعية" عنواناً لمحاضرة له ألقاها في جامعة حقوق يال سنة 1882. ومع ذلك، فهنالك إجماع على الاعتراف بأن العلاقات العامة بقيت محاطة بهالة قدسية حتى مطلع هذا القرن، وأن تاريخها القديم قد انتهى في الوقت الذي أوجد فيه إيفي لي، مؤسسها الحقيقي، الغرفة العالمية للعلاقات العامة في نيويورك سنة 1906. ونحن نعرف الظروف التاريخية التي حدت هذا الصحافي القديم على "اعتناق" مهنة جديدة كل الجدة بالنسبة إلى هذا العصر. فلشد ما كانت عداوة الجمهور للمؤسسات الضخمة الأمريكية، التي كانوا

ينسبون إليهـا أنهـا تهـدف إلى الاحتكـار، وإلى شـن معركـة حاميـة الـوطيس عـلى المؤسسـات المتوسطة، وإلى ممارسة القوة، فهي ، بالاختصار، متوحشة، دموية، لا ترحم.

والواقع أن الدماء كانت قد سالت في مطلع هذا القرن، وكانت أول مؤسسة لجأت إلى خدمات إيفي لي هي، بالضبط، الشركة الضخمة التي يديرها جـون. د. رو كفلر، أقل الرجال شعبية في الولايات المتحدة في ذلك الوقت، والذي أطلق النار على المتظاهرين، ولقد نجح إيفي لي، بضربة عصا سحرية، في إظهار هذا الرجل الشرس كمحسن إلى البشرية: وتحققت المعجزة في هذه الحملة الأولى مـن العلاقـات العامة. بدأ إيفي لي بتوجيه تصريح صادق، يعبر عن وجهة نظره، لجميع الصحافيين المختصين، متعهداً فيه للمرة الأولى في تاريخ الأعمال الأمريكية، بإعطاء معلومات كاملة ودقيقة عن زبائنه، رافضاً بتعمد إعلان مقدسات سر المهنة " في الحقول التي تمثل أهمية وفائدة للجمهور" . إذن، فنحن نـرى الحركـة المزدوجـة التي نجح بواسطتها إيفي لي، فهو من جهة يعرف بمواطن الصناعة والتجارة، ومـن جهة ثانيـة ينشيء مؤسسات إنسانية (مراكز أبحاث، مستشفيات، متاحف، جامعات، إلخ...)، وأكثر من المنح المدرسية، وسهل تمضية العطل للأطفال والمساعدة للمحرومين. وفي هذا الوقت كان "هـنري بيك" يقدم في فرنسا تمثيلية "الغربان"، وكان " أو كتاف ميربو" يقدم تمثيلية أخرى عنوانها وحده برنامج كامل" الأعمال هـي الأعمال" فظهر رب العمل، صاحب الحق الإلهي، كسمكة القرش، يستغل الطبقة العاملـة، ويمـارس "التايلوريـة" * بإفراط، وكان لابد أن يقود الإفراط نفسه في الإنتاج، والتحسـين التقني في الآلات عـلى طريقـة" تيلـور" إلى هبوط عنيف في الإنتاجية، وكان إيفي لي قد اكتشف، بالصدفة إلى حد ما، العنصر البشري، في الوقت الذي حاولوا فيه أن ينزعوا الصفة الإنسانية عن الأعمال، وأن يحققوا العمل" المتقطع" كما يقول فريدمان، ولكن حتى سنة 1929، وعلى الرغم من نجاح إيفي لي ، وقد تبعه فيما بعد ادوارد

---

* التايلورية : نظام يهدف الى الرفع من انتاجية شغل العامل في تعامله مع الآلة الصناعية ويتحدد هذا التصور في الاستغلال الاقصى لجهد العامل بقيامه بعمل مجزأ وإقصاء لكل الحركات غير المنتجة.

برنايس وتومي روس وكارل نيوسن، فإن الشعب الأمـريكي لمـن يكـن بعـد قـد اعتـاد العلاقـات العامة، إذ أن العصر لم يكن ليشجعها. وكان ازدهار الأعمال الكبيرة من السهولة بحيـث أن الـدوام الكامـل والأجور المرتفعة وفتح الاعتمادات كانت تؤمن للأميركيين رفاهية ظاهرة، وعنـدما حـدث الاضـطراب أعيـد النظر في كل شيء.

مع ظروف سنة 1929 لم يعد الإعلام ترفاً بل أصبح ضرورة. وكـان أبراهـام لنكـولن قـد أشـار إلى ذلك بقوله: " لا شيء يخفق مع الرأي العام، ولا شيء يستطيع النجـاح بدونـه". وقـد أصـبح هـذا الاهـتمام بالرأي العام ضرورياً، بنوع خاص، بوجود أكثر من اثني عشر مليون عاطل عن العمل، وما كاد يخطـر عـلى بـال أحـد أن ثـورة محدقـة تهـدد الأميركـيين سـنة 1930. وكـاد الاعتقـاد الرسـمي يعتمـد عـلى التيلوريـة والفوردية*، بيد أن الرجل الهام الذي كانه فـورد اضـطر إلى الخضـوع فجـأة أمـام منافسيه في أشـد أطـوار الأزمة. فإذا سبعون ألف عامل يتسكعون في الشارع، دون عمل، ودون أن ترضى الشركة بمبدأ المسـاهمة في تعويضات البطالة. وفي السابع من آذار سنة 1931 جرت تظاهرة عمالية جماهيريـة في بـرد قـارس، فحـاول حراس الشركة قمعها بالعنف، مستقبلين المتظاهرين بطلقات المدافع الرشاشة: فسـقط أربعـة قـتلى. ولقـد عمدت ال" نيوديل" إلى معالجة هذه المسائل التي لا حل لها بالطرق التقليدية لسلطة أرباب العمـل، كـما شرح ذلك ميشال كروزيه بقوله:

" لقد بطل السحر. ففي مطلع آذار سنة 1933، عندما أعلن حاكم ميشغن، ثـم رئـيس الولايـات المتحدة عن إغلاق البنوك وتأجيل الدفع، بدا كأن المدنيـة تنهـار بكاملهـا. فأخـذ أصـحاب المصـانع، للمـرة الأولى، على حين غرة، لأنهم لم يكونوا قد تنبأوا بشيء،

* الفوردية : جنسية الأمريكي هنري فورد (1836-1947) مؤسس شركة فورد لصناعات السيارات الأمريكية .
التيلورية: هي طريقة التصنيع التي اتبعت في العشرينات من القرن الماضي والتي تتمثل بعمل مسارات للتصنيع بحيث ان العامل الواحد يبقى في مكانه ويقوم بعمل شيء واحد طوال الوقت، وبهذه الطريقة يصبح العمل أسرع.

ولا أعدوا شيئاً...". هكذا كان المناخ الاجتماعي بحيث أنه لم يعد مجال لسيطرة أرباب العمل، ولا للأجور المرتفعة:" فوجب التمكن من إفهام العمال ضرورة التنقيص العنيف في أجورهم، ووجب إقامة جسور بين هيئة الموظفين والعمل وأصحاب المؤسسات، وتبديل العلاقات البشرية تبديلاً كاملاً بإقامتها على محدثات صريحة وشريفة، وإعلام كامل، وتواصل ثابت. (لقد انتهى عصر الفردية "الخشنة" والمنافسة" القاتلة") . عندئذ ظهر وجه روزفلت ليكون رمزاً كاملاً للعلاقات العامة. وأصبح رجال الأعمال - وقد كانوا مؤهلين في عصر الازدهار- موضوعاً لشراسة الزبائن، وعداوة المستخدمين، وملاحقة المساهمين. لقد تزعزع عالم الأعمال بخلق الـ " نيوديل" قوانين اجتماعية وعقوداً جماعية، إلخ.. وفي الوقت الذي كان يتشكل فيه علم الجمال الصناعي ليسمح بتحسين مبيعات المصنوعات الرائجة، قامت العلاقات العامة لتمكن المؤسسات الكبيرة من استعادة مركزها تجاه الجميع، بإصلاح الجو دفعة واحدة.

وليس من المبالغة في شيء قول كروزيه أن كل الذين يهتمون بالعلاقات العامة أخذوا عن روزفلت ابتسامته." كان روزفلت يضحك ليبعد تهديد الثورة المفجع، وليعيد الثقة بالنظام الاجتماعي لجميع التعساء اليائسين. وفي سبيل فرض هذه الابتسامة، وهذه الصداقة الجديدة في العلاقات بين الأشخاص والمراتب الاجتماعية، كان ينبغي مقاومة القسم الأكبر من المالكين الذين لم يفهموا، بعد أن هدأ الاضطراب الأول، أن أنانيتهم هي موقف انتحاري.

وابتداء من سنة 1929 أسس ايلمو روبر وايرل نيوسن وايلتون مايو وستيورات تشاز وجون هيل مكاتب لقيت نجاحاً باهراً. وأوجدت جامعات يال وهارفرد معاهد، وخلقت كراسي للعلاقات العامة، دربت عدداً لا يحصى من الأشخاص. كذلك كان على الحرب العالمية الثانية أن تعجل بدفع الحركة نحوالعلاقات العامة كما شاهدت مولدها الولايات المتحدة. وقد ظهر في المجلة الإفريقية " فورتون" Fortune سنة 1938 مقال تبين خاتمته المعنى الذي كانوا ينسبونه إلى العلاقات العامة إذ ذاك: " العلاقات العامة

هي الاسم الذي تتخذه المؤسسة لأنها، بالفعل، جوهر الفائدة العامة وينطبق على هذا الواقع، وإذا أمكن للفائدة الكبرى الظاهرة حالياً تجاه العلاقات العامة أن تجر عدداً " كافياً" من رجال الأعمال إلى وضع المنفعة العامة في المرتبة الأولى من قرارتهم، فإن عصراً جديداً يمكن أن يتحقق".

ومثالاً على ذلك نود أن نذكر بالتغيير الذي حققته الحكومة الأميركية في أسلوب العلاقات العامة، البعيد عن الإعلان بقدر بعده عن الدعاية، مع مجموعة مدهشة من أفلام فرانك كابراً*، تحت عنوان، :" لماذا نحارب؟" لقد كاشفت الحكومة الأميركية الجمهور، بشكل موضوعي، وبنزاهة تامة، بتعيين الأسباب التي من أجلها تخوض الحرب، ساعية في الوقت نفسه للحصول على تأييد الجمهور، ولإثارة ومساندة ميول مفيدة للحكام، وللتعاطف مع مجموعة الشعب الأميركي. وقد نجحت العلاقات العامة في إفهام الرأي العام الأميركي ضرورة الحرب، وضرورة ملاحقة ألمانيا النازية ملاحقة لا ترحم. ومن الواضح أن الحرب – لولا العلاقات العامة- كانت أقل شعبية بالنسبة للفلاحين في الشرق الأوسط أو لعمال مدينة شيكاغو.

ومنذ نهاية الحرب أصبح انتشار العلاقات العامة أمراً ثابتاً. ويقدر اليوم، أن في الولايات المتحدة أكثر من (5000) مؤسسة صناعية أو تجارية في كل منها فرع هام للعلاقات العامة. وتستخدم أكثر من مئتي وكالة وهيئات كاملة من ألوف الأشخاص: وواحدة من أكثر هذه الوكالات أهمية تستخدم هي وحدها أكثر من ألفي شخص وفي سنة 1940 غرست العلاقات العامة جذوراً لها في كندا. وكان لها ظهور بطئ في فرنسا ابتداء من سنة 1946 بفضل جان شوبان ده جانفري في (اسو- ستاندرد) وفي (شيل). وفي هذه السنة نفسها أسست وكالاتها الأولى في هولندا، ثم في إنكلترا سنة 1848، وفي النرويج سنة 1949، وفي إيطاليا وبلجيكا والسويد تأسست وكالات للعلاقات العامة

* فرانك كابراً (1897-1991) : مخرج امريكي من أصل ايطالي أثرى السينما بأفلامه التي أصبحت بمرور الزمن من أهم ما انتجته السينما الأمريكية العالمية.

(ابتداء من سنة 1950). ولم تؤسس ألمانيا الغربية شركتها الرسمية للعلاقات العامة إلا في سنة 1958 . وشهدت أميركا الوسطى، وأميركا الجنوبية، وأوستراليا، واليابان، ونيوزلنده الجديدة، بين سنتي 1950 و 1955 مستشارين في العلاقات العامة يتمركزون فيها ويزداد عددهم يوماً عن يوم. ويرفض الأخصائيون، بوجه عام، التكلم عن العلاقات العامة بوجود التنظيمات التي يمكن أن تقوم في البلدان ذات الاقتصاد الموجه. ويدافع البروفسور ميلر، من جامعة هارفرد، عن النظرية القائلة بأن " العلاقات العامة هي انعكاس دفاعي للمشروع "الحر" في نظام رأسمالي: فهي تهدف إلى أنسنة المشاريع، أي أن تجعلها تعمل، ليس ككيانات مغفلة، ولكن ككائنات بشرية في جميع علاقاتها مع غيرها من الكيانات البشرية". إلا أن البلدان ذات الحكومات الاشتراكية كالنرويج والسويد أو فنلنده، فإنها تعهد إلى مصالح رسمية بمهمة القيام بالعلاقات العامة. وكقاعدة عامة في الولايات المتحدة، يعتمد كل قطاع من الإدارات العامة، والبلديات، والجامعات، مصلحة للعلاقات العامة. ولا شيء يمنعنا من التفكير أن العلاقات العامة توجد كذلك، تحت هذا الشكل، في روسيا، وفي الحكومات الديموقراطية الشعبية.

ومنذ سنة 1946، عندما حاولت شركات البترول الأولى (وعلى رأسها اسو- ستاندرد وشيل) أن تنشر العلاقات العامة في فرنسا، فإن منظمات مهنية عديدة (منها الشركة الفرنسية للعلاقات العامة، منذ سنة 1952) قد جذبت نحوها المستشارين للداخل والخارج، والملحقين الصحافيين، والمكاتب، أو المصالح للعلاقات العامة التي تقود السياسة الفرنسية في هذه المهنة.

إن عدد المؤسسات التي تعتمد مصالح للعلاقات العامة تقدر بثلاثمائة في فرنسا. وأنه لمن الصعب أن نذكر، بالضبط، عدد مصالح العلاقات خارج المؤسسات. غير أنه من المؤكد أن مئات من الأشخاص في فرنسا يعيشون من عملهم في العلاقات العامة. ولقد ضم أول مؤتمر عالمي اجتمع في بروكسل سنة 1958 – على وجه التقريب- جميع البلدان المتطورة الغربية.

لقد اجتازت العلاقات العامـة مرحلتهـا الأولى، ولم يعـد " لماضيها" فائـدة عمليـة، والمعتـبر الآن" الحاضر" وحده، أي الوجه الدقيق لتغلغلها التدريجي. وهكـذا يمحـي تاريخهـا في جغرافيتهـا بيـنما تتحـول ميثولوجيتها إلى لغة .

وقديما قـال روديـارد كيبلنـغ هنـاك طريقتـان لحكـم النـاس لا ثالـث لهـما تحطـيم الـرؤوس أو احصاؤها الا ان العلاقات العامة بـددت هـذه العبـارة لانهـا اوجـدت الطريقـة الثالثه لادارة البشر- وهـي التواصل الافضل وتقديم معلومات كامله صحيحه ومن هنا كـان الفرنسـيين سـباقين في اسـتخدام مصـطلح ربما هو الاكثر تميز بين كل ما تم وصف العلاقات العامة حيث اطلق عليها (البيت الزجاجي عـام 1946) في حين استخدم الامريكان ومن خلال ادوارد بيرنيز مصطلح (الهندسة البشرية او هندسة القبول والرضا).

لقد استخدم اختصاصيوا العلاقـات العامـة تقنيـات واسـاليب ووسـائل مختلفـة ومتطـورة تبعـا لدرجة نمو وحداثة ممارسيها وطبيعة المؤسسة واهدافها ومن هذه الوسائل (الاساليب الشفاهيه والاتصـال الواجهي المباشر وتقنية الاستقبال والحوارات والتواصل الكتابي عبر المراسله مع وسائل الاتصال المختلفة من صحف واذاعات وشبكات تلفزيونيه والسينما اضافة الى خدمات الانترنيت الاتصالية).

العلاقات العامة الحديثة

نتيجة للتطورات المستمرة التي حصلت وخصوصاً بعد انتهاء الحـرب العالميـة الثانيـة، واسـتقرار الأوضاع، قام الاتحاد الدولي للعلاقـات العامـة في عـام 1965 بوضـع دسـتوراً دوليـاً لأداب مهنـة العلاقـات العامة وذلك في مؤتمر عام عقد بمدينة أثينا باليونان وفيما يلي نصه:

" نظراً لان جميع الدول الأعضاء بمنظمة الأمم المتحدة قبلت احترام ميثاق هذه المنظمـة الـذي أعلن (إيمانه بالحقوق الإنسانية للإنسان في الكرامة وبقيمة الذات الإنسانية)

وإن طبيعة هذا الميثاق هي طبيعة العلاقات العامة فقد اعترف العاملون بالعلاقات العامـة بالمبادي الواردة في هذا الميثاق واحترموها.. ونظراً لأن الإنسان إلى جانب ما له مـن حقـوق لـه احتياجـات جسمانية ومادية واحتياجات عقلية وأخلاقية واجتماعية وإن الإنسان يستطيع أن يتمتع بحقوقه في حدود إرضاء هذه الحاجات، فيما يعتبر أساساً منها".

ونظراً لأن العاملين بالعلاقات العامة يمكنهم من خلال ممارستهم لمهنتهم المساهمة علـى نطـاق واسع في إرضاء هذه الحاجات العقلية والأخلاقية والاجتماعية للإنسان، ونظراً لأن استخدام الوسائل الفنيـة التي تسمح للاتصال في وقت واحد بملايين الأفراد تعطي للعاملين بالعلاقات العامة سلطة من الضروري أن يحكمها الالتزام بقانون أخلاقي محدد من أجل هذه الأسباب جميعها تعلن جمعيات العلاقات الموقعه أدناه:

" إنها تتخذ مبادئ قانون الأخلاق المذكورة ميثاقاً أخلاقياً لها وإن أي انتهاك لهذا القانون من جانب أياً مـن أعضائها خلال ممارسته المهنة وتقوم عليه البراهين أمام المجلس سيعتبر خطأً جسيماً يوجب العقاب الكامل، ولذلك يجب على كل عضو في هذه الجمعيات أن يجتهد في:

1- خلق هياكل وقنوات الاتصال التي تشعر كـل عضـو في الجمعيـة بالإفـادة والاختصـاص والمسؤولية والتضامن عن طريق تهيئتها للتداول الحر للمعلومات الأساسية.

2- التصرف في جميع المناسبات وجميع الظروف بالطريقة التي تستحق وتستوجب ثقـة مـن يتعامـل معهم.

3- أن يأخذ في الاعتبار الطابع العام لمهنته فمسلكه مسلكاً شخصياً سيكون لـه انعكـاس علـى الأحكـام المأخوذة ضمن مهنته.

تطور العلاقات العامة:

إن تطور العلاقات العامة بمرور الزمن ووصولها إلى ما وصلت إليه في عصرنا الحاضر قد أدى بها إلى أن تصبح مهنة لها قواعدها وأسسها وضوابطها التي تحكم من التحق بها ويعمل فيها، وهنالك الكثير من المؤشرات التي تدل على ذلك ومنها:

1- كثرة عدد الكتب والمؤلفات العلمية والأدبية التي صدرت في مجالات العلاقات العامة.

2- غزارة البحوث العلمية في مجال العلاقات العامة.

3- تزايد عرض البرامج والمقررات العلمية في مجال العلاقات العامة والاتصال في مرحلتي البكالوريوس والدراسات العليا في كثير من الجامعات الأجنبية والعربية.

4- كثرة عدد الدوريات والمجلات العلمية المتخصصة في مجال العلاقات العامة.

5- التزام كثير من ممارسي العلاقات العامة كأفراد أو هيئات متخصصة بدساتير أخلاقية ومعايير سلوكية تحكم العمل في مجالات العلاقات العامة.

6- الخطوات التقدمية التي أقرتها المنظمات المهتمة بأنشطة العلاقات العامة، ومثال ذلك ما أقرته جمعية العلاقات العامة الأمريكية بخصوص إعداد برنامج لاعتماد عضوية شخص له خبرة قدرها خمس سنوات في ممارسة نشاط العلاقات العامة أو تدريسها في الجامعة والمعاهد العلمية إلى جانب اشتراط اجتياز الشخص اختبارات تحريرية وشفوية لهذا الغرض.

لقد أصبحت العلاقات العامة في وقتنا الحاضر سلاحاً فعالاً في المجتمع المعاصر، وقد أخذت تدرس في معظم الجامعات وخصوصاً في الولايات المتحدة الأمريكية وأوروبا حيث أنشيء أول معهد لدراسة العلاقات العامة بأمريكا وذلك في عام 1947 بمدينة بوستن الأمريكية كما تم منح أول درجة علمية فيها في عام 1948.

وإزاء هذا التطور الكبير فقد توسع نشاط العلاقات العامة، فبعد أن كان مقتصراً على العمل التجاري فقد اتسعت لتشمل العلاقات باتحادات العمل والمهن والحكومات والهيئات الاجتماعية والسياسية والتعليمية والدينية والمدنية والخيرية، فهي تتصل بكل جوانب الحياة.

مجالات العلاقات العامة:

ونتيجة لهذا التقدم فقد دخلت العلاقات العامة في جميع المجالات وفي كثير من الهيئات والمؤسسات ويمكن توضيح بعض مجالاتها في الآتي:

أولاً: الميدان الاقتصادي:

تقوم المؤسسة الاقتصادية التي تهدف إلى تحقيق الربح بإنشاء قسم خاص لإدارة العلاقات العامة يرأسه عادة مدير متخصص، حتى إن بعض مديري الشركات والمصانع والمؤسسات العامة يختارون الآن من بين خبراء وأخصائي العلاقات العامة.

ثانياً: الميدان الاجتماعي:

بدأت المؤسسات الاجتماعية في الاهتمام بالعلاقات العامة على الرغم من أن معظمهم لا يعتمد على الخبراء لرسم وتنفيذ خطط العلاقات العامة وتكتفي بإسناد العلاقات العامة إلى مديري المؤسسات.

ثالثاً: الميدان السياسي والإداري:

تطورت العلاقات العامة في هذا الميدان تطوراً كبيراً حتى أصبح لها إدارات في معظم الوزارات، وتقوم هذه الإدارات بعملية الربط بين الوزارات والجماهير... وإن أجهزة العمل الإداري ترتكب غلطة العمر إذا ما تصورت أن أجهزتها الكبيرة غاية في ذاتها... إن هذه الأجهزة ليست إلا وسائل لتنظيم الخدمة وضمان وصولها على نحو سليم إلى الجماهير.

رابعاً: الميدان الدولي:

تستعمل العلاقات العامة في المؤتمرات الدولية ويتوقف نجاح هذه المؤتمرات على قوة برامج العلاقات العامة في المؤتمرات، وإن التفاهم والثقة المتبادلة بين الدول عن طريق مندوبيهم خطوة إيجابية نحو السلم العالمي والتفاهم الدولي، وإزاء هذه الأهمية والدور الكبير. برزت وإزدادت فعالية العلاقات العامة دولياً.

مراحل تطور نشأة العلاقات العامة

لقد تم تناول نشأة العلاقات العامة في العديد من الدراسات والبحوث وسوف نشير هنا إلى أبرزها:

أولاً: تقسيم ادوارد بيرنيز :

ويقسم (ادوارد بيرنيز) تاريخ العلاقات العامة الحديثة إلى أربع مراحل وهي:

المرحلة الأولى: وتبدأ من عام 1900 حتى قيام الحرب العالمية الأولى عام 1914 وقد اعبرها (بيرنيز) مرحلة اعداد وتخصيب.

المرحلة الثانية: تشمل سنوات الحرب العالمية الأولى، حيث تميزت بظهور النشاط الحركي في مجال العلاقات العامة وبروز التدخل الحكومي في عدد كبير من البلاد التي شملتها الحرب حيث يلاحظ اهتمام الولايات المتحدة الأمريكية بدراسة الرأي العام للتعرف على مقوماته من جهة وأساليب التأثير فيه، والدور الذي يمكن أن يؤديه للحصول على التأييد وقد أسهم ذلك في تقدم أساليب قياس الرأي وتوجيهه ووصفت العلاقات العامة نتيجة لذلك بصفات اجتماعية وأخلاقية ونفسية تستند على احترام الكيان الإنساني وتقديس العقلية الفردية وتجنب الإرهاب والتضليل والعمل على التأثير في الجماعات والأفراد عن طريق التبصير والتوضيح والمساعدة العينية، وفي هذه المرحلة بدأت خصائص جديدة في الظهور مع إقرار السلام وعودة الحياة الطبيعية إلى مجراها العادي

وظهور الآثار المدمرة التي خلقتها الحرب وما استلزمته الحياة الإنسانية من دور للعلاقات العامة في إعادة تكيف الأفراد لحياتهم الجديدة وتحويل عجلة الإنتاج إلى حاجات السلام.

المرحلة الثالثة: وتقع هذه المرحلة في الفترة ما بين 1919- 1929: وهي مرحلة نمو بسبب قوة الـدفع التـي انطلقت أبان الحرب وتتميز هذه المرحلـة بازدهـار واضح في أساليب العلاقـات العامـة وظهـرت الأصـول الفنية والمنهج العلمي لها بفضل جهود رائد العلاقات العامة (ايفي لي) ومن بعده (ادوارد بيرنيز).

المرحلة الرابعة: ظهرت هذه المرحلة خلال الفترة التي تمتـد بظهـور أزمـة الكسـاد العـالمي التـي اجتاحـت العالم عام 1935 وتميزت بظهور الضغوط نتيجـة الانهيـار الاقتصـادي، وطبيعـي فـإن أي برنـامج للعلاقـات العامة سوف يترك أثاراً واضحة. ومع ذلك استمرت الدول بالسعي نحو التسليح مـن جديـد والشعـور بالضغط النفسي الناشيء عن الاستعداد للحرب، وقد ساعد ذلك في تجديد الاحسـاس بالحاجـة إلى الجهـود وتظافرها لتدعيم كيان المنظمات التي تقوم بالخدمة، وتعبئة الحياة الأفضل للمجتمع.

إن الحقيقـة التـي ينبغـي تأكيـدها هنـا أن المرحلـة الرابعـة شهـدت نشـاطاً ملحوظـاً في إثـراء العلاقـات العامة وتحديد معالم شخصيتها. وكانت البداية عام 1938 حيث أصبح مفهوم العلاقـات العامـة مستقراً ولذلك يندر أن يعقد مؤتمر دون أن يتناولوا فيه الحديث عن العلاقات العامة وقلما ظهرت مجلـة مهنية متخصصة دون أن تخصص مسـاحة عـن العلاقـات العامـة وأن تفـرد لهـا موضوعـاً كمـا أصبحـت العلاقات العامة جزءاً أساس لأي اجتماع لمجالس الإدارات في المؤسسات المختلفة.

ثانياً: تقسيم كتلب وسنتر:

حيث تم تقسيمها إلى خمس فترات هي:

1- الفترة الأولى: 1900- 1917 :

وتسمى فترة التشهير وقد واجهتها مؤسسات الأعمال بسياسة دفاعية كما حدثت فيها تغيرات وإصلاحات بعيدة المدى، فكانت فترة ازدهار اقتصادي كبير لم يشهد العالم مثلها من قبل، ففي جيل واحد تزايد عدد سكان العالم بقدر تزايدهم في القرن السابع عشر وتزايد الدخل الحقيقي للفرد بمقدار 75% أو أكثر وذلك خلال الفترة من عام 1870 وحتى عام 1914 ففي هذه الفترة التي يطلق عليها البعض فترة التشهير تبلورت ممارسة العلاقات العامة وإن كان بشكل اعتبره البعض جزءاً من دفاع المحافظين أو الدفاع المضاد لنقد المشهد من خلال الفترة الذهبية، ففي هذه الفترة استخدم الصحافيون الفرص التي أتاحتها لهم المجلات الشعبية وخدمات الصحف القومية والمؤسسات الصحفية المتخصصة. سيما في نوعية النقد اللاذع للنظام الرأسمالي وفي كشف مساوئه وهي عملية رد فعل تجاه التجاوزات اللاقانونية واللاخلاقية التي صاحبت النمو الصناعي في الولايات المتحدة الأمريكية.

2- الفترة الثانية: فترة الحرب العالمية الأولى 1917 – 1919 :

حدث خلالها عرض لقوة الردع المنظم، وذلك خلال الحملات المكثفة التي نظمت لإذكاء الحماس الوطني عبر سنوات الحرب والتطوع في الجيش والقيام بأعمال الخدمات الاجتماعية، رغم أن الولايات المتحدة الأمريكية دخلت الحرب العالمية الأولى متأخرة وكان لا بد من تهيئة الرأي العام الأمريكية لهذه المشكلة فالولايات بعيدة كل البعد عن مسرح الأحداث وهذا ما كان يستوجب بذل جهود أكبر لإقناع الرأي العام بدخول الحرب تحت شعارات الحرية وغيرها.

إلا أن التضحية من أجل هذه الحرية مسألة أخرى، إذ رأى البعض أن الحرب ليست في صالحهم ولذلك كان لابد من القيام بعمل كبير ومهم لجعل موقف الغالبية مع خوض الحرب، فأعلن الرئيس ولسن مبادئه الأربعة عشر التي وضعها كشرط لدخول الولايات المتحدة الأمريكية الحرب والتي تضمنت الكثير من دعاوي الحرية والديمقراطية

وإنهاء الاستعمار وتحرير شعوب العالم كما رفع شعار أن هـذه الحـرب هـي خاتمـة الحـروب وأنهـا الحرب التي ستنهي عهد الحروب إلى الأبد، وبذلك هو مارس بنفسه عملية العلاقـات العامـة تجـاه شـعبه ومؤيديه من حزبه والأحزاب الأخرى، ثم قام بإنشاء لجنة عرفت في حينها بلجنة كربل إقـرار لقـرار دخـول الولايات الحرب وكسب الرأي الأمريكي لصالح هذا القرار، وأعلن كربل عنـد توليـه رئاسـة هـذه اللجنـة أن الرقابة ليست جزءاً ضرورياً لجهود الحرب، فالحاجة تدعونا إلى الشرح وليس إلى الضـغط فسـنوات الحيـاد بين الأطراف المتحاربة قد مزقت الشعب الأمريكي، ثم شن حملة كبيرة للترويج للحرب مستعيناً بعـدد مـن الكتاب والخبراء، حيث نظم كريل حملة إعلامية ضخمة استعان فيهـا بكافـة وسـائل الإعـلام المتاحـة مثـل الصحف والمجلات والسينما والتلغراف والملصقات واللوحات وكل الأسـاليب والطـرق الممكنـة للوصـول إلى كل المواطنين واستطاع تحقيق نجاح كبير انعكس على زيادة واضحة في بيع سندات المجهود الحربي والتبرع للصليب الأحمر والاقتصاد في استخدام المواد الغذائية. ففـي مجـال سـندات المجهـود الحـربي ارتفـع عـدد حاملي هذه السندات من 350 ألف شخص إلى عشرة ملايين شخص خلال ستة شهور فقط من العام 1917 ؛ وزاد عدد الأعضاء العاملين في الصليب الأحمر إلى أضعاف مـا كـان عليـه قبـل الحملـة ووصـلت الهبـات والهدايا المقدمة له إلى أرقام قياسية واعتبرت في حينها فلكية؛ كذلك أوجدوا أياماً أخرى بدون لحم وأخـرى بدون حبوب وعملوا على إقناع المواطن على زراعة حديقة منزله بالخضار؛ كـل هـذه النجاحـات أدت إلى اقتناع العاملين في العلاقات العامة إلى أنهم اكتشفوا قانوناً جديداً وطبيعياً يمكن عن طريقه السـيطرة عـلى الجهود وتوجيهها الوجهة التي يحددها الخبير، إلا أن هـذا التقـدير المغـالي بـه أدى إلى حصـول إحباطـات وخيبات أمل وذلك حين فشلت العلاقات العامة في تحقيق كل ما مطلوب منها.

3-   الفترة الثالثة 1919- 1933:

وهي من أهم الفترات الصاخبة، حيث استخدمت كل الوسائل والأساليب التي تم التوصل إليها وتطويرها خلال الحرب العالمية الأولى لترويج الإنتاج وأحداث موائمة وقبول للتغيرات التي أوجدتها التكنولوجيات الجديدة؛ حيث دفعت النجاحات المتحققة خلال الحرب العالمية الأولى والخبرات المكتسبة خلالها مؤسسات الأعمال الكبيرة إلى مزيد من الاعتماد على العلاقات العامة؛ فقامت أقسام العلاقات العامة في مختلف القطاعات ورسخت ممارستها وتنوعت أساليبها وأصبحت تستخدم كل وسائل الاتصال المتاحة كالإعلان والراديو والسينما والمقالات الصحفية والمجلات والكتب والاجتماعات والفرق الموسيقية والاستعراضات وكل ما هو صالح للتعبير عن فكرة أو سياسة؛ وأدى تطور استخدام العلاقات العامة إلى استخدام وسائل أخرى منها ما أشار إليه تقرير لشركة الهاتف والتلغراف الأمريكية نشر- عام 1922 وأعتبر المساهمين المنتشرين في كل مكان والذين يملكون كمية جيدة من المعلومات الجيدة عن الشركة وكلاء مهمين وحث على زيادة عددهم وزيادة معلوماتهم من خلال مطبوعات الشركة والشركات التابعة؛ كذلك لجأت الشركة إلى تشجيع العاملين فيها للانضمام إلى النوادي والهيئات المختلفة المهنية والصناعية والعلمية والرياضية والدينية ودفعت رسوم اشتراكهم فيها وحثتهم على الاشتراك في مناقشة الموضوعات ذات العلاقة بعمل الشركة داخل هذه التجمعات للتعرف على ردود الفعل، إذ أن المعلومات المبكرة التي تصل من هؤلاء عن وجود نقاش دائر عن حالة أو مشكلة تؤدي إلى لفت نظر الاختصاصيين وبالتالي شرحها أو تغيير الموقف تجاهها قبل أن تستفحل وتحول إلى قضية، ولم تكتفي الشركة بذلك بل لجأت إلى دفع مبالغ مالية للصحف المؤيدة لها وكذلك لبعض الصحف التي كانت تقف منها موقف معادي؛ وفي هذه الفترة تطورت العلاقات العامة إلا أنه يؤخذ عليها أنها لجأت إلى أساليب غير أخلاقية بعيدة عن هذه المهنة كاستخدام العمال كمجسات وكذلك دفع

بعض الرشاوي للصحف وهذا ما أثار الكثير من الانتقادات والملاحظات على عمل وممارسات العلاقات العامة.

4- **الفترة الرابعة / 1933- 1945:**

وهي من المراحل الخطيرة حيث شهد العالم فترة الكساد الاقتصادي الكبير وفي هذه الفترة تولي روزفلت السلطة في الولايات المتحدة الأمريكية وبدأ سياسة جديدة وطرح إعلانه عن تنفيذ برنامج جديد كما شهدت هذه الفترة إجراءات ترميم النظام الرأسمالي، كما شهدت الحرب العالمية الثانية وكان لا بد من ترميم نظام الولايات المتحدة الأمريكية والمحافظة عليه في وقت دفعت الأوضاع فيه إلى تقديم تنازلات تحد من هذه الحرية المطلقة التي تمتع بها رجال الأعمال الأمر الذي يستوجب حمايتهم فقام رجال الأعمال بمجابهته بعنف مستخدمين كل الوسائل إلا أن الرئيس فرانكلين روزفلت الذي عرض خطة لإصلاح النظام كان واعياً تمام الوعي لأهمية استخدام العلاقات العامة في كسب الرأي العام فاستخدم الصحافة والإذاعة وقام بجولات واتصالات لزيادة كمية المعلومات، التي يتم إيصالها للمواطنين، واستحدث أقساماً جديدة للعلاقات العامة وزاد من استخدام الصحفيين في هذه الأقسام، حتى قارب عدد الصحفيين العاملين في أقسام العلاقات العامة الحكومية عدد الصحفيين العاملين في جميع وسائل الاتصال الأخرى، وفي مقابل إجراءات روزفلت لجأ رجال الأعمال إلى رجال العلاقات العامة للحصول على مساعدتهم في الوقوف بوجه نقد روزفلت وقوانينه الإصلاحية وبرز اتجاه واضح للابتعاد ببرامج العلاقات العامة عن الجهود الدفاعية وعن الصدفة، وجرى التحول لوضع برامج إيجابية ومستمرة تنفذها إدارات العلاقات العامة تم استحداثها في كافة مؤسسات الأعمال، باستخدام الوسائل العلمية الدقيقة في قياس الرأي العام وفي تحديد العينات ليعطي ثقلاً أكبر ومصداقية أكثر لهذه البرامج، كذلك أنشأت أثناء الحرب العالمية الثانية دائرة الأعلام عن الحرب وذلك لتحقيق الموائمة بين مقتضيات الحرب والمجتمع

واستطاعت هذه الدوائر ممارسات العلاقات العامة في القوات المسلحة وفي الصناعة وفي كافة القطاعات ذات العلاقة بالحرب لتحقيق ما طلب منها تحقيقه.

5- الفترة الخامسة 1945 وما بعدها:

وفي هذه الفترة ازدهرات ممارسة العلاقات العامة، ونضجت مفاهيمها، وتحولت إلى علم وحرفة ذات أصول وقواعد ومفاهيم وممارسات واضحة ومتفق عليها ويميل هذا التقسيم على ارتباط العلاقات العامة بالأحداث الاجتماعية والاقتصادية والسياسية التي تقع بالمجتمع، وتأثيرها بكافة متغيراته، وفي هذه الفترة خرجت الولايات المتحدة من الحرب كأقوى دولة في العالم فإنتاجها تضاعف مرات عديدة عدا أن مصانعها ومدنها وطرقها لم تمسها الحرب فقد كانت بعيدة كل البعد عن مسرح الحرب واستطاعت معاملها ومختبراتها أن تطور وتطوع التكنولوجيا لخدمتها وعملت على تجاوز عزلتها القديمة بل خرجت تدعو لأسلوب الحياة الأمريكية وسخرت لها كل إمكاناتها في العلاقات العامة وشهدت الرأسمالية نمواً هائلاً وتحولت إلى احتكارات تسيطر على كافة قطاعات الحياة فقامت احتكارات تمتلك وسائل الإعلام وأخرى تملك وسائل الاتصال الإلكترونية، وتناقص عدد الصحف الصادرة كما تناقص عدد محطات الراديو والتلفزيون المستقلة وأصبح من المستحيل بالنسبة للفرد أن يصدر صحيفة كما كان ذلك ممكناً في زمن مضى... وارتبطت وسائل الاتصال بمؤسسات الأعمال بأن تقوم أجهزة العلاقات العامة في المؤسسات بالجزء الأكبر من عملية الهندسة الاجتماعية وإعادة التنظيم التدريجي للمجتمع الإنساني، أي العلاقات العامة التي ولدت كإجراء دفاعي في جو الحرية المطلقة الذي ساد الولايات المتحدة الأمريكية في فترة من زمن الحرب. تحولت إلى إجراء تهدف من ورائه المؤسسات إلى صياغة وتشكيل المجتمع وفقاً لمصالحها ولما ترتئيه ثم تمتد لتحول وسائل الإعلام العامة كلها إلى أجهزة تابعة لدوائر العلاقات العامة، إلا أن طبيعة المجتمع الأمريكي والتضارب والتناقض القائم بين مختلف الفئات والمصالح والمؤسسات القائمة داخله تجعل تحقق ذلك أمراً لا يخلو من الصعوبات في الوقت الحاضر، وذلك ما يدل

عليه الكشف المستمر للفضائح والرشاوي وغيرها التي تنشر في وسائل الإعلام المختلفة خير دليل على الإشكاليات التي يعاني منها النظام الرأسمالي والأمريكي وتعبر عن درجات ضعفه وتناقضاته التي ستكون مدخلاً لانهياره مستقبلاً(وربما المستقبل القريب بسبب السياسة الخاطئة التي ارتكبتها إدارة الرئيس جورج دبليوبوش داخل أمريكا وخارجها سيما في العراق وفلسطين وأفغانستان).

وفي ضوء هذا العرض يظهر أن العلاقات العامة هي الإعلام المؤسسي في الدول الرأسمالية وهو إعلام يتعايش مع نظام إعلامي عام قائم يتبادل معه الرأي والهجوم وينافسه في كسب ود وتعاطف الجماهير.

مؤسس العلاقات العامة

إيفي ليدبيتر لي (تموز 16، 1877 إلى 9تشرين ثاني ،1934) يعده البعض على أنه المؤسس الحقيقي للعلاقات العامة الحديثة على الرغم من أن هذا الاسم ارتبط أيضاً بأدوارد بيرناس، علماً بأن مصطلح العلاقات العامة ذكر في بداية 1897م في مجلة Yearbook of Railway Literature

بدايات حياته ومهنته:

ولد أيفي لي بالقرب من مدينة كاردتون في ولاية جوجيا كابن لماتوريس، جيمس وايدمان لي، الذي هو المؤسس لعائلة أطلنطا الشهيرة. درس في جامعة إيموري وتخرج في برينستون. عمل مراسلاً صحفياً ومحرراً محليا. وأسس بالتعاون مع جورج راركر شركة علاقات عامة في أواخر عام 1904 أسمها باركر ولي. عرفت هذه الوكالة بالدقة والأصالة والاهتمام. أسسا الشركة بعد أن عملا سوية مع الحزب الديمقراطي عندما أوكلت لهما مهمة الدعاية بعد فشل ألتون باركر في السباق إلى الرئاسة الامريكية ضد ثيودور روزفلت.

استمرت وكالة أو شركة باركر ولي قرابة أربع سنوات، لكن الشريك الأصغر-لي- أصبح واحداً من أبرز رواد العلاقات العامة. لقد طور هذه الفلسفة في عام 1906 من خلال إعلانه لحملة المبادئ، وكانت أول صياغة للمبادئ تلزم ممارسي العلاقات العامة التحلي بها تجاه المسؤولية الاجتماعية والتي تتعدى الالتزام من العميل، وفي نفس العام بعد حادث قطارات بنسيفينيا، أصدر (لي) بما يعرف بأنه أول بيان صحفي، مقنعاً الشركة بأن تكشف عن المعلومات الحقيقية للصحفيين قبل أن يتمكنوا من الحصول على المعلومات من مصادر أخرى. بعدها عين لي كموظف في دوام كامل في شركة قطارات بنسيلفينيا في عام 1912 واعتبر أول موظف علاقات عامة بآليه وظيفته بمستوى تنفيذي. في عام 1919 أسس مكتب للاستشارات خاص بالعلاقات العامة أسماه أيفي لي وشركاه.

آثاره على العلاقات العامة:

يعزو العديد من المؤرخين الفضل إلى (لي) في إنشاء ما يسمى (اتصالات الأزمات الحديثة). ورغم ذلك كان هنالك منافس رئيس له في صناعة العلاقات العامة هو أدوارد بيرنيز.

وفي تاريخ أيفي لي محطات مهمة منها:

* أنه في عام 1914 أدخل العلاقات العامة في دائرة أوسع عندما عينه جون روكفلر لتمثيل عائلته وشركة ستاندرد للنفط (حتى يلمع صورة العائلة)، بعد العصيان في مناجم الفحم في كالورادو. منذ ذلك الوقت عمل بإخلاص لراكفولر ولمؤسساته، والتي أعطت بريق لعائلة روكفلر حتى بعد خروجه وتأسيسه لوكالته الخاصة.

* أصبح (لي) عضواً أساسياً في مجمع العلاقات العامة في الولايات المتحدة عندما تأسس في نيويورك عام 1921.

* لقد وضع سياسة جديدة لشركة ستاندرد للنفط من خلال إقناع ابن صاحب الشركة بأن عليه أن يقول الحقيقة لأنه عاجلاً أم آجلاً سوف تعرف الجماهير الحقيقية. وإذا لم تستسيغ الجماهير ما تقوم به يجب تغيير السياسات وإعادة إنتاجها بالشكل الذي تريده الجماهير. وقول الحقيقة اقتبسها (لي) ونشرها كنوع من الدعاية لنفسه وجعلت كلا منهما مشهور.

* يعتبر (أيفي لي) الآب الروحي للعلاقات العامة الحديثة، ومن أبرز ما قام به عمل تحريات ناجحة لزيادة تعرفة القطارات ضد المعارضة التي أيدتها الحكومة الفدرالية.

* وتبنى (لي) فلسفة تتضمن بما اصلطح عليه "طريق ذو اتجاهين" والتي تقوم على أساس مساعدة العميل من خلال الاستماع لوجهة نظره وكذلك إيصال رسائل اتصالية من المؤسسة للجماهير في التطبيق، فغالباً ما ارتبط أيفي لي بعمل الدعاية من اتجاه واحد للعمل نيابة عن موكله. وقبل موته بفترة وجيزة حقق الكونجرس الأمريكي في احتمال قيامه بأي خدمة لنازية الألمانية بتكليف من مؤسة أي جي فوربن التي كانت تدور حولها الشكوك.

ادوارد بيرنيز، (1891-1995) يعتبره البعض مؤسسا حقيقيا لعلم العلاقات العامة ، مع ايفي لي. ولد بيرنيز في فيينا ، وهو ابن شقيقة سيغموند فرويد و صهره ايضا.و قد ساهم بيرنيز في اشاعة افكار فرويد وجعلها تبدو كبديهة يومية، خاصة في الولايات المتحدة عبر استخدامه لوسائله في الترويج لا سيما وسائل دعاية مباشرة واخرى غير مباشرة عبر السينما والاذاعة. في الوقت نفسه استخدم علم النفس والعلوم الاجتماعية في علم العلاقات العامة.من أهم اراء بيرنيز "انه اذا اننا استطعنا فهم الالية التي تحرك الجماهير فأننا يمكن لنا ان نسيطر على سلوك هذه الجماهير و دون ان تعرف هذه الجماهير ذلك" . اطلق على هذه الطريقة في تشكيل الرأي العام "هندسة القبول". استخدم بيرنيز اسلوب اقناع القادة او الشخصيات الأكثر تاثيرا ليسيطر على اراء الجموع خلف القادة. وعندما اراد ان يروج لقديد الخنزير مثلا، روج له عبر مجموعة من الاطباء تم استطلاع ارائهم، وكانوا ايجابيين في الحديث عن فوائد القديد ، ثم تم تعميم نتائج الاستطلاع على مجموعة أكبر من الاطباء ، مع حملة دعاية تصف القديد والبيض على انه افطار صحي وشهي. وكانت النتيجة ان صار هذا النوع من الافطار طبقا شديد الانتشار في عرض و طول الولايات المتحدة خلال اقل من عشر سنوات من الترويج له. كان من زبائن بيرنيز رؤساء للولايات المتحدة ، وشركات صناعية كبرى مثل دودج وفورد. وجنرال اليكتريك. وغيرها. اعتبر بيرنيز "أفضل ترويجي في أمريكا " و كانت عناوين مؤلفاته تعكس تخصصه في كيفية السيطرة على اراء الجماهير. من أهم مؤلفاته : بروباغندا1928 ، بلورة الرأي العام 1923، هندسة القبول 1947، كان بيرنيز يعتقد ان السيطرة على عقول الجموع هي ميزة اساسية من ميزات النظام الديمقراطي. تأثير بيرنيز على حياتنا اليومية الان في عصر السيطرة الاعلامية أكبر بكثير من شهرته رغم انه عد ضمن واحدة من الشخصيات الالف الأكثر تأثيرا - في كل تاريخ الانسانية . (للتفصيل عن جهود ادوارد بيرنيز في مجالات العلاقات العامه انظر مؤلفنا – العلاقات العامة والهندسه البشرية – 2010)

لغة العلاقات العامة

" ليست الصعوبة في أن تعبير العلاقات العامة لا معنى له، بل الصعوبة في أن هذا التعبير يعني أشياء كثيرة مختلفة..." وليست مجاهرة ستيفن فيتزجيرالد هـذه اعترافاً بالعجز، ولكنها ملاحظة لاصطلاحات ومعاني كثيرة، كلها محتملة، بالنسبة لهذه اللفظة الكثيرة الزوغان، ألم يذهبوا حتى إلى القول، فيما وراء الأطلنطي (روبير . ر . أوبدغراف) أن "العلاقات العامة هي، بكل بساطة، الفن الذي يحث النـاس على التعامل معك؟". أما في فرنسا، فيجب أن نفتش عن معناها في أبعاد مجال صالح لتهذيب الأخلاق، بمعنى إعلام عالمي، عام وضروري، يفرض نفسه على الجميع " لإعادة الحقيقة إلى حيث تسرب الضلال والكذب" كما يقول لـ. ديفو رئيس شركة البترول " شيل بير" الـذي افتتح المحـاضرات المخصصـة لأخلاقيـة العلاقات العامة.

إن تعريف العلاقات العامة صعب صعوبة تحديد حقلها إذا ما نسب إليها اختصاص يخرج عـن حقل الإعلان الدعاية، وإعلام الصحافة، وحتى عـن الوثـائق التقنيـة. ولـن نـذهب إلى القـول أن العلاقـات العامة ليس لها غرض خاص، ولكنه من المهم جداً أن نسجل أن اختصاصها يبقى نسبياً في الغالـب، غـير أن الفكرة الرئيسية القائلة بوجود العلاقات العامة منذ البدء انما هي مفهوم الفائده العامة، والإعلام الضروري للجميع، ولنقل بجرأة: انها النزاهه، يقول أيفي لي في كلامه عن روكفلر: " إن المشاريع الكبيرة لا يمكن ان تعيش وتنمو الا اذا شرحت للجمهور دورها وفائدتها، وفي الدرجـة الأولى لموظفيهـا وعمالهـا، والجماعـة المحلية، والأقليمية، أو القومية". ولقد تم التركيز على القاعدة "اعمل جيداً وعرِّف بما تعمل "" على الفكرة الرئيسية للعلاقات العامة، ويبقى أساسها في الواقع صورة ذلك البيت الزجاجي الـذي أوجـده شـارل بلونديل، والذي يمثل تماماً استحالة تغطية جميع أنواع الخدع، وجميع أنواع الغـش، وبالاختصار هـذه الخدع التي لا تحصى، والتي ظهرت في وقت ما، متصلة بالأعمال.

تدخل العلاقات العامة في إطار أخلاقية الأعمال التي دفنت في الماضي عصر- "البورجوازي المحتل" وعصر القتال بالسكين، ووحشية التجارة. "إن الامتياز العظيم والفائدة التي لا تقدر للإعلام الدقيق، الواسع الانتشار، أي ما يؤلف جوهر العلاقات العامة، في أنها تجبر المديرين على تنظيم، ما هو على غير ما يرام، وعلى إصلاح أنفسهم". ولقد أضاف لويس ساليرون، واضع هذه القاعدة، - دون أن يقصد ذلك – مثالية كونفوشيوس التي بموجبها يترجم الرجل الصالح أقواله إلى أعمال، ثم يتبع أعماله بأقوال. وتقوم لغة العلاقات العامة، بالضبط، بالتناسق بين فعلي" قال" و" عمل" : ولا تتمثل ديالكتيتها في بلاغة باطلة بل في تقنية عاملة.

تعريف أبتدائي:

يعتقد ساليرون : " ان العلاقات العامة تبدأ كمجموعة من الوسائل تستخدمها المؤسسات لخلق جو من الثقة لدى الموظفين والعاملين وفي البيئات التي هي على علاقة معها، وفي الجمهور بوجه عام، في سبيل مساندة نشاطها وتسهيل تطويرها، وتنتهي إلى مجموعة متناسقة من العلاقات الاجتماعية يوجدها النشاط الاقتصادي في جو من النزاهة والحقيقة". إن الأسس الثلاثة لهذا التعريف الذي يعود إليه ل. ديفو، والذي كان يصلح في حينها كأساس للعمل هي: الفائدة العامة (جلب شيء ما) إدخال مفهوم ضروري للجميع في أحد الحوادث – و" تحرير رهن إعلاني" فعلى مدير العلاقات العامة، والحالة هذه ، ألا يعتبر نفسه مديراً للموظفين والعمال، ولا أن يحاول "تبيض خروف أسود" ولا أن يحل محل مدير الإعلان، ولا أن يحاول أخيراً إنشاء مكتب للدروس "الفلكية"، والروحية، أو حتى الفلسفية في قلب المؤسسة. فمدير العلاقات العامة بحسب ل. ديفو هو " رجل شريف بكل ما في هذه الكلمة من معنى في القرن العشرين كما في القرن السابع عشر"، أي رجل متزن كفوء، ورصين: لا " ذراع طرقات ولا ملتزم أفراح"، بل مخبر شريف وصارم، لقد كتب رنيه تافرنيه وستيفان فليكس، وهما اثنان من المؤسسين الأوائل للشركة الفرنسية للعلاقات العامة (A. F. R. E. p) وهما يعتقدان انهما على

صواب في ما قـالاه، إذا كانـت العلاقـات العامـة قـد وجـدت في بلـد انكلوسكسـوني، وخصوصاً "بروتستانتي" فما كان ذلك وليد الصدفة: لأن الكاثوليكيـة بحكمهـا عـلى الغنـى تمجـد الفقـر عـلى الأرض، والواقع أن الأغنياء لا يحظون بالإعجاب في البلاد اللاتينية، بل إنهم عرضة للحسـد، وهنالـك كلمـة قالهـا " بيت" في القرن الثامن عشر: " ليس الفقر عيباً" بل إنه مثير بشكل شيطاني" أما غالبرايت الذي ذكر كلمـة " بيت" هذه، فقد أضاف إليها قوله:" في أميركا اليوم لم يعد الفقر مثيراً بل أصبح عيباً".

إن العلاقات العامة تنطلق من افتراض أساسي في العمل هو وجوب التعريف حتى بغنـى المؤسسـة (هـذا الغنى الذي يزيدها اعتباراً) شرط التمكن من إظهار مساهمة المؤسسة الفعالة في الجماعة التي هي عضـو فيها. ومع ذلك، فإن الإعلام الصادق هـو الـذي يشـكل المطلـب المقصود للعلاقـات العامـة أكثر مـن أيـة معطيات أخرى. وإذا كان هذا الإعلام خاصاً أو ملفقاً فإنـه يهـدم، بالفعـل ذاتـه، هيكـل العلاقـات العامـة نفسه. ولتعط مثلاً على ذلك: إن منظمة العلاقات العامـة للأغذيـة التـي تسـمى:" مركـز الإعـلام والاتصـال للتغذية" (C. L. L / I) قد قامت منذ بضع سنوات بحملة علاقات عامة أطلقت عليها "علامة كوبـاك". كـان الأمر يتعلق بعينات تعتمد على الألوان، فاللون الوردي يدل على النوع الأنقى من الناحيـة البكتريولوجيـة، واللون الأصفر على النوع الأقل جودة، والألوان الأخـرى عـلى أصـناف مـن نـوع أدنى. وجـاء المفتشـون إلى المصانع وأخذوا عينات من الإنتـاج ووضـعوها في آنيـة جافـة، وبعـد ثمانيـة أيـام تلقـى الصـناعيون نتيجـة التحليل: " إن انتاجك يحتوي على ميكروبات من فئة كذا..." ولما كان المنتجين لا يفهمون ما تعنـي الأسـماء اليونانية التي تدل على هذه الميكروبات، فإنهم اعتمـدوا عـلى اللـون كوسيلة للإيضـاح، وأصـبح "كوبـاك" الوردي علامة الجودة من الناحية البكترويولوجية: وبفضـلـه تمكـن عـدد كبـير مـن الصـناعيين مـن تحسـين إنتاجهم بعد أن فهموا ما يحويه مـن ميكروبـات أي أن التحسـين المـادي يـرتبط ارتباطـاً "وثيقـاً" بـالكمال الأخلاقي.

الإعلان والعلاقات العامة:

إن العلاقات العامة والإعلان يبدوان كأخوين عدوين، فكثيراً ما هاجم المهتمون بشؤون الإعلان، بعنف وقسوة، زملاءهم الأوائل الذين اهتموا بشؤون العلاقات العامة، حتى إنهم لم يترددوا في إطلاق هذا التعبير (علاقات عامة ؟) = " إعلان طفيلي" ولقد عرف هوبير بوف - ميري"، مدير صحيفة "لوموند" الإعلان " تحت شكله التجاري بأنه خزانة كلاسيكية"، معترفاً أنه " يقدم أخباراً وإعلامات"، ولكن من الناحية التجارية المحضة، لا تهم سوى المعلن وحده، وليس الإعلان مبهماً: بل هو يظهر نفسه على حقيقتها.

ويؤكد خبيران في الإعلان (ب. دو بلا و هـ فرديه) : " أن الإعلان التجاري هو مجموعة تقنيات ذات مفعول جماعي تستخدم لصالح مؤسسة أو لمجموعة مؤسسات لكسب ولتطوير أو لمساندة مجموعة من الزبائن" وفي أيامنا الحاضرة لا يزال بعض المتشائمين يرون في العلاقات العامة إعلاناً خفياً يحصل عليه بالضغط المباشر أو غير المباشر على وسائل النشر، سواء كان ذلك بواسطة الراديو أو الصحف.

والواقع أن مدير الإعلان يقوم بعمل يختلف كل الاختلاف عن عمل مدير العلاقات العامة، فعمل الأول الأساسي هو السعي إلى اكتساب المجالات، أما الثاني فينقل المعلومات، ويوصل إلى الصحف أخباراً جديرة بإثارة الاهتمام، قد تنشر أو تهمل، ومهما كان الأمر فلا يجوز اعتماد المال (حدث في سنة 1956 أن تلقى كثيرون من الصحافيين شيكات من شركة قناة السويس العالمية مكافأة لهم على نشرهم أخباراً كانت الشركة ترغب كثيراً في إذاعتها، فأعاد هؤلاء الشيكات إلى الشركة مؤكدين إنهم إنما هم يقومون بعملهم، لا أكثر ولا أقل) من أجل نشر الخبر في الصحف. والأجدر بنا أن نجعل الأمر محسوساً بسردنا الحالة التي يرويها "فردويه" عن معمل ينتج نوعاً من مسحوق للتنظيف: إن الدعاية لهذا المعمل تقوم على لصق الإعلانات، وتوزيع المنشورات، وعلى الإعلان في الصحف، والمعارض، والواجهات، والإعلام، والعلامة التجارية، وتوزيع عينات مجانية. وقد يكون هدف هذه الحملة إظهار قيمة إنتاج وإشهار اسمه، وصفته،

وطريقة توضيبه، فهو بالضرورة "متفوق" على غيره، وبإمكان الراديو والتلفزيون إكمال موسيقية هذه الحملة. ولنفترض الآن أن هذه الشركة تود تنظيم حملة علاقات عامة. ففي هذه الحالة، تفرض العلاقات العامة الخارجية (التي تتوجه إلى الزبائن) إصدار مجلة نسائية ترسل إلى المديرات، ووكيلات الصرفيات، والمسؤولات عن الجمعيات، وإلى الألوف من القارئات. " ولا تتضمن هذه الصحيفة إعلانات بالمعنى المعروف، بل وثائق تتعلق بكل ما يتصل من قريب أوبعيد باستعمال هذا النتاج والمعمل الذي ينتجه، مع مقالات فنية صرفة وأخبار نسائية". وفضلاً عن ذلك، فعلى الشركة أن تفهم الجمهور أنها وحدها هي التي تنظم هذه المحاضرات" وعليها كذلك أن تنظم زيارات كثيرة للمصنع، وأن تؤسس أندية نسائية، إلخ.

ولكنه من الواضح جداً أن الفرق الأساسي بين الإعلان والعلاقات العامة هو في دقة الإعلامات. حقيقة أن الإعلان لا "يكذب" ولكنه يقدم الحقيقة بشكل موجه، ويعرضها بطريقة مستحسنة، وهو "يغلفها بغطاء واق"، ويغري بها على وجه ما. أما رسالة العلاقات العامة فهي على العكس، إذ ينبغي أن تكون إعلاماً صحيحاً. لا يمكن للإعلان إلا أن "يغير شكل" الماركة أو أن يجملها "ويرفع من شأنها" أما العلاقات العامة كما يقول هنري هينولت، رئيس الشرف للاتحاد الفرنسيـ العام للإعلان، فهي "تظهر المؤسسة على وجهها الحقيقي".

الدعاية والعلاقات العامة:

كثيراً ما تختلط العلاقات العامة والإعلان على مستوى المؤسسة التجارية، بينما تتميز الدعاية عن العلاقات العامة في حقل الخدمات العامة. وفي الواقع، ألا تختلط العلاقات العامة بالدعاية فيما إذا كان الأمر يختص بالعلاقة بين إدارة ما والجمهور، أو بين الدولة والجمهور؟ أما في الدولة ذات الحكم المطلق، فإن دورها يكون في جر رعاياها "بالقوة"، بطريقة أيديولوجية، سياسية، أو دينية: ويتم الإقناع مباشرة بإكراه وحشي. إن مبدأ الدعاية نفسه يكون مناقضاً للعلاقات العامة بمقدار ما تذهب إليه الدعاية من

التبشير، والدعوة إلى التعصب، والسيطرة على العقول، حيث تكتفي العلاقات العامة بالعرض، والإعلام، أو بتقديم الوثائق اختيارياً يقول هنري فرديه:" إن أية كنيسة في الولايات المتحدة تعرف نفسها، وتكسب عطف الجماعة التي تعيش بينها، تقيم علاقات عامة، أما التي تحاول هداية أتباع الكنائس الأخرى واجتذابهم إليها، فهي تقوم بالدعاية". ويذكر مارسيل بلوشتاين - بلانشيه قصة سفير الاتحاد السوفياتي الذي لامه بقوله:" أهو أنت من ينتشر كل هذه الأكاذيب في الصحف؟". فأجابه :" نعم، يا سيدي السفير، ولكن لا أجرؤ على نشرها إلا مرة واحدة، إذ لا أحد يصدقني إذا أعدتُ نشرها، ويصبح ذلك دعاية". هذه النادرة توضح لنا ما قصد إليه رئيس دائرة الإعلان إذ يضيف: "يبدو، في بعض الأحيان، إنه من الصعب التمييز بين الدعاية والإعلان، ولكن الدعاية لا تطبق إلا القوة والسلطة: وهي تفرض ما تريده بضربة عنيفة من يد قوية، أما الإعلان فهو عمل الاختيار، ولعبة حرة للعرض والطلب". إن كتاب "هتك حرمة الجماهير"، الذي تعمق سيرج تشاخوتين في دراسته، والذي نلمس فيه بعض ملامح" العمل النفسي-" يبدو مناقضاً حتى للعلاقات العامة.

وبالمقابل، فإن الحكم الحر الذي "يحترمه" إعلان مثالي "كالإعلان الاشتراكي"، والذي تطالب به مجلة "الثقافة السوفياتية"، المعتمد على إعلام صادق، تام، ومتجرد، هو الذي يدلنا على الطريق الحقيقي للعلاقات العامة، وبينما نرى الناس من جهة يخضعون مرغمين للدعاية، فإننا نراهم من جهة ثانية يتقبلون بحرية العلاقات العامة على جميع المستويات التي تقدم لهم فيها. وهكذا تتميز العلاقات العامة عن الإعلان "بالحقيقة" وعن الدعاية" بالحرية".

العلاقات العامة الداخلية:

نورد هنا مثال عن اهمية العلاقات العامه الداخليه فمنذ بضع سنوات كان عدد من المسئولين يستقلون سيارة أجرة قديمة، وكان السائق الذي يقودها يتذمر باستمرار، ولدى كل صرير يحدثه تغيير السرعة، في غير الوقت المناسب، كان يقذف الشركة التي

تستخدمه بالشتائم واللعنات. فسأله احد الحضور إن كان يضمر عـداوة خاصة لشخص مـا في ادارة الشركة التي يعمل فيها، فتنصل من الجواب، ولكنه اتهم الشركة – وهو في هذا على اتفاق مع جميـع زملائه السائقين- بأنها تقدم لهم معدات بالية، تالفة غالباً، وغير كافية دائماً: فيتأثر عمله كما يتأثر الإنتاج. ولما كانت الشركة لا تهتم بمعالجة المشكلة من الناحية التقنية نقلها السائق إلى الميدان الإنساني:" لقد ألحق هذا السائق بالشركة بطريقة عادية، وطوال سنوات خدمته التي مضت عليها فترة طويلـه ، لاسيما وانه وزملاؤه لم يحدث لهم أن رأوا رب العمل، ولامدير الموظفين، ولا أي عضو من مجلـس الإدارة، في حين أنه تعرف إلى جميع الممثلين النقابين، وكان يستطيع أن يذكر مـن بينـهم عشرة أسمـاء، على الأقل، مـن المفوضين لدى الشركة. في هذه الحادثة البسيطة أمثولة مفيدة يجـدر بجميـع أصحاب المؤسسـات التأمـل فيها والاستفادة منها: فهنالك واجب مطلق يفرض عليهم أن يظلوا على اتصال مباشر بمـوظفيهم وعمالهم، مهما كان عددهم، عندما تتجاوز ادارتهم كونها مصنعاً صغيراً. ولقد انتهى أصحاب المؤسسـات الكبيرة إلى فهم هذه الضرورة: فكان أن ولدت فكرة إنشاء" العلاقـات العامـة" الداخليـة التي ينحصر ـ عملها، بنوع خاص، في ثلاثة حقول مختلفة حددها المختصون كما يلي:

1- العلاقات العامة مع المساهمين (إذا كانت الشركة مساهمة).

2- العلاقات العامة مع الممولين.

3- العلاقات العامة مع الموظفين والعمال.

أما بالنسبة للموظفين والعمال، فقد يختلف الأمر كـل الاختـلاف بحسـب مـا يكون التوجه إلى ملاكات أعلى، أو وكلاء أكفاء، أو عمال عاديين. وبشكل عام تبقى مسألة واحدة، ألا وهي التفتيش عـن وسيلة تؤمن الاتصال الدائم بالموظفين، وإيجادهـا، والمحافظة عليهـا، دون أن يـؤدي ذلـك إلى الوقوع في سيطرة أرباب العمل القديمة.

إن أكثر المظاهر التقليدية في العلاقات العامة الداخلية تقـوم عـلى إلقـاء محاضرات في الإعلام، وعرض الأفلام، واجتماع ، واللقاءات، واصدار صحيفة المؤسسة الداخلية، وأوسكار الابتسامة، أوعمليات " حقيقة" أم " بضاعة جيدة" (كانت مؤسسة مرلان وغيران في غرينويل قد أوجدت فيما مضى عملية " كامـل الجودة"، فأعطت نتائج ملحوظة) وهذه المظاهر التي توصي بها تحقيقات أجريت سلفاً، ويقودها مخطط جماعي مرن وصلب في آن واحد، تخلق في قلب المؤسسة ارتياحاً محسوساً" غير أن المبادئ تكون هـي نفسها بالنسبة للممولين والمساهمين: فالتفهم، والتعاون، والمساعدة، هي التي ينبغي أن تقـود العلاقـات العامة. ولنذكر على سبيل المثال حالة الـ(غاليري أورليان) حيث تعطي هذه المؤسسة "شيك – هدية" لكل عضو جديد لدى قبوله في العمل، أما التحسين المهني فتؤمنه محاضرات جماعية ودروس بالمراسلة، وتظهر حياة المجموعة في حملات من جميع الأنواع تهدف إلى إعطاء زيادة إضافية إلى أي عضو ينتخبه رفاقه " كأفضل بائع" أو " أفضل صديق"، إلخ... وهنالك "شيك سنوي" يعطى لكل عضو في يوم عيده مولـده. وأخيراً، فإن هذه المؤسسة تصدر أربع نشرات داخلية : " الايكو دي غاليري" لجمهور داخلي وخارجي " والغاليري رأت وقرأت لك" لمـلا كات المخازن و " آلو .. آلو.. الإدارة تكلمكم" للموظفين العاديين في المؤسسة. و"غاليري طبعة خاصة" لمعالجة المشاكل الكبرى التي تهم هيئة الموظفين والعمال. وبالاختصار، فإن العلاقات العامة تمثل محاولة لتحسين الاتصال بين الناس: وليس هنالك عامل واحـد في مؤسسـة رينو لا يستطيع أن يعرف من هو رئيسه المباشر، وما حققته رينو في الأشهر الثلاثة الأخيرة. وهكـذا يتم خلق بيئة في العمل يحل فيها التعاطف والثقة، بالتدريج، محل الخوف والمراوغة والحقد.

العلاقات العامة الخارجية:

إن العلاقات العامة الخارجية تتوجـه أساسـاً إلى الجمهـور. وإذا كانت صحيفة المؤسسـة تصدر طبعة خاصة بالخارج، فإنها تسهل لعدد كبير مـن الزبائن سبل الاطـلاع والاسـتعلام، وأكثـر الوسائل شيوعاً واستعمالاً هي زيارة المصانع، والسفر إلى الخارج،

والمعـارض، والمسابقات، وعـرض الأفـلام، وإرسـال الأخبـار إلى الصحف والمجلات، والسعي إلى التعريف بقوة المؤسسة وازدهارها، خصوصاً، بنشر ميزانيـة مفسرة توجه إلى المساهمين أو إلى المرشحين للمساهمة. ولكن تشجيع العلم والفنون والرياضة يدخل هو أيضاً في حقل العلاقات العامة، ولقد أوجدت مراكز للدروس والأبحاث لزيادة التعرف إلى الإنتاج وتحسين نوعـه (هذه هي الحال في صناعة الأغذية- وبنوع خاص صناعة المارغرين)، وتستطيع العلاقات العامة أن تتكلف صورة غريبة كل الغرابة بخلقها مـن كل نوع شخصاً يرمز قياسياً إلى سبب، وهكذا انتخبت في أمريكا، مثلاً فتاة مثالية لتجسـد... القطن. ولقد كانت ملكة جمال القطن هذه فكرة (علاقات عامة) وراحت هذه الفتاة تتجول في الولايات المتحدة، ثم في العالم أجمع . فاتصلت بأشهر مصانع النسيج ونظمت لها استقبالات في كل مكان، وأقيمت حفلات كوكتيل لرجال الصحافة، وأجريت مقابلات في الإذاعات، كل ذلك في سبيل الترويج للقطن وتعريفه للناس. وتستطيع العلاقات العامة كذلك أن تتبنى مجالاً جغرافياً خاصاً: وهكذا تمكنت مؤسسة "لورا وشير" في حزيران سنة 1958 من تأسيس " محطات الاستراحة" مع مئات من لافتات الترحيب، وعـدد لايحصى ـ مـن المراكز توزع فيها مجاناً البطاقات السياحية والتذكارات الأقليمية، وحتى علـب السجائر تقدمها مديريـة الريجي الفرنسية، هدية للزوار، في أكثر قصور "شير ولوار" التاريخيـة، التي كانت زيارتها في ذلك الوقت مجانية أيضاً. ولكـن ما يفوت المسؤولين غالباً هو ضرورة التفريق الكامل بـين العلاقات العامة الداخليـة (كالنشرة الداخلية التي تحوي أخباراً تهم أعضاء المؤسسة فقط)، وبين العلاقات العامة الخارجيـة(كالمجلـة الأنيقة المخصصة لإظهار قيمة الكتان والشكوكولا وصناديق المال) إن العامـل في مصنع الغزل في الشمال الذي يتسلم مجلة الكتان الفخمة، "الزهرة الزرقاء" يحس بانزعاج أمام النفقات التي تبدو لـه، لأول وهلـة، غير مجدية، كما أن الجمهور يهز كتفيه استخفافاً أمام أخبار" كوديكو" المتعلقـة بـالتنقلات، والوفيـات، والولادة، والموت، لأن ذلك لا يفيده في شيء.

فيجب إذن أن نحدد الحقل الخاص لكل من قطاعي العلاقات العامة: القطاع الداخلي والقطاع الخارجي.

وأخيراً، يمكن أن تمتد العلاقات العامة إلى العلاقات بين الدول: فلطالما كلفت دول كثيرة وكالة فرنسية للعلاقات العامة بأن تنمي لها علاقاتها العامة في أوروبا الغربية، وخاصة في فرنسا. أما في ما يختص بالعلاقات الخارجية، فإن في فرنسا وكالتين من الدرجة الأولى، هما الاتحاد الفرنسي- والمديرية العامة للعلاقات الثقافية.

فلسفة العلاقات العامة

بلغت عمليات الاعتماد على شركات ووكالات العلاقات العامه درجات متقدمه جدا الى درجه جعلت بامكان بعض اصحاب الشركات الكبرى يعتقد انه قادر على بيع الهواء.... (أتريد أن تبيع الهواء؟) هتف برعب والد أحد كبار العاملين في الحقل الإعلاني في وقتنا الحاضر. فإذا كانوا يعيبون في الإعلان "بيعه الهواء" فأية سخرية لا يقذفون بها في وجه العلاقات العامة التي لم يبق لها " مجالات" تشتريها في الصحف، ولا إعلانات تبعث بها إلى الراديو أو التلفزيون،او عبر الشبكه العنكبوتيه وكل ما بقي لها "تواصل " تقوم به دون أن يتبع ذلك أي عقد للبيع. هذا هو وجه التناقض في العلاقات العامة.

إن العلاقات العامة (كما يفترض ان تكون) هي طريقة لمعرفة الناس وإمساك بالحقيقة أكثر مما هي علم أو تقنية محددة. أما أن يكون مجال تطبيقها هو الحقل الجماهيري، فهذا مما لا شك فيه، لأن في ذلك دعوتها الأساسية. ولكنها في الوقت نفسه ضرورة ملزمة بمقدار ما تكون " طريقة " أكثر ما تكون "غرضاً" فكل شيء إذن في "الأسلوب"، ولا شيء في " المادة". ومجمل القول أن العلاقات العامة تشكل روحاً، هو :" روح العلاقات العامة".

فمن اي شيء يتألف هذا الروح؟ إنه كالروح الديني، أو الروح العلمي، أو أنـه روح الدعابـة والفكاهـة، أي "الروح" وحسب- وعناصره بالغة الدقة لكي لا نقول أنها لا تدرك، ففي سنة 1955 تمكـن جـان شـوميلي، في مقال عنوانه " ما هي العلاقات العامة؟" من إبرازها "كعقيـدة رصينة" ولكنهـا، مـع ذلـك، تملـك " عنـاصر خارقة تتسرب خفية أو جهاراً إلى حياتنا اليومية".

ولقد وضع في مرتبة واحدة روح "الرايدرز دايجست"، والإنتاجية، والعلاقات العامة، ولـن نكـون مخطئين أبداً إذا تكلمنا عن مناخ أكثر من التكلم عن حقيقة مادية، وعن عقلية لا عن محتوى مادي، وعن " لفتة روحية" عوضاً عن إنتاج يقاس مادياً.

المناخ الملائم:

" البيئة الجيدة هي البيئة الحارة" لا مناص لنا من تصديق مـا أعتـاد ان يقولـه غاسـتون باشـلار وهو المعروف بانه المحلل الدقيق " للروح العلميه الحديثه "، واذا ما تطلعنا الى هـذه النقطـة، نجـد ان لا شيء يمكـن أن يبنـى، وأن يكـون ذا قيمـة، بـدون هـذه الحـرارة الإنسـانية التـي ينـدر أن تحـس بعملهـا المجموعات السياسية والتجارية أو الإدارية إن البيئة الجيدة تنجح في مضاعفة طاقات الناس: ولهـذا كانـت دهشـة الأشـخاص الأوائـل الـذين اشـتغلوا بالعلاقـات العامـة عظيمـة عنـدما لاحظـوا التقـدم المـذهل في الإنتاجية، في البيئـات الاجتماعيـة، حيـث تمكنـوا مـن إقامـة صـلات مبـاشرة مـع العـمال والمسـتخدمين أو الملاكات. لقد ظنوا، في بادئ الأمر، إن المشكلة تكمن في إضاءة المصنع إضاءة أفضل، وفي طلي الآلات باللون الأخضر، أو في تحسين خزائن الثياب والمجموعات الصحية. ولكن هذه الأشياء لم تكن هاجس العمال الأول: فقد أظهرت الاختبارات المتعددة، والمثقفة، أن ما يقدره العمال بالفعل هو الاهتمام بهم وبمشاكلهم. ففـي المصنع الحديث كان العامل غير الأخصائي يشعر، فيما مضى، بأنه دائماً تحـت الاختبـار وحقوقـه مهضـومة، وكان يتألم في بعض الأحيان من عقدة مركب النقص، وغالباً ما يحس بأنـه مجـروح الكرامـة. يقـول ميشـال كروزيه:" إذا عكفنا على إعادة النظر في طرق تيسير العمل، بدراسة رصينة من علم

النفس العمالي، ننجح، بالتأكيد في أن نضيف إلى الإخلاص العمالي... " روح الثقة" و " روح الجماعة"، وفي ذلك فائدة للجميع"، إن محبة الأميركي القلبية لطريقة عيشه أثرت كثيراً في أغلبية المكلفين بالإشراف على الإنتاج الذين ذهبوا إلى ما وراء الأطلنطي من سنة 1944 حتى أيامنا الحاضرة. فهذا السخاء، وهذا التعاطف، وهذه الحرارة التي يمكن أن تكون صاعدة (من المستخدمين نحو أرباب العمل) أو هابطة (من أرباب العمل إلى العمال) قد أوصلت إلى تقنية للتواصل تكون الأساس نفسه للعلاقات العامة. لكن لا أي تواصل كان : فلا يمكن أن يكون الأمر متعلقاً إلا بتفهم ودي ورباط عاطفي يسهلان للناس سبل التفاهم فيما بينهم، ويخلقان لهم جواً من الثقة والتعاون، وشعوراً كاملاً بالطمأنينة ....ويوصي غاستون باشلار في كتابه "Psychanalys du feu " قائلاً: " عندما يكون علينا أن ننظر في أمر أناس متساوين، وأخوة، يجب أن تكون العاطفة هي أساس الطريقة، وفي هذه الحالة يجب إعادة النظر دوماً في هذه العاطفة. ولا يمكننا أن نأمل في ربح صداقة هيئة الموظفين والعمال دفعة واحدة، إذ لا بد أن تنشب خلافات، وأن يحدث توتر، وأن تعترض مقاومة، وأن تظهر أمور خافية. وبحسب مبدأ هيغل الشهير القائل:" كل ضمير يترصد موت ضمير آخر".

وفي سبيل رفع هذه الحواجز تقدم العلاقات العامة حلاً يتجدد دائماً، بمعنى أنها تهدف باستمرار إلى إعادة البحث في الأمور، وإلى تطوير متتابع في الوضع الاجتماعي. ويذكرنا. ر. أ . باجيه كوك، محتكماً إلى الدكتور جونسون: " بأن على الإنسان أن يغذى صداقاته دائماً إذا شاء لها أن تبقى سليمة". والميزة الخاصة للعلاقات العامة هي محافظتها على هذا التفهم الذي يجب أن يسود علاقات الناس بعضهم ببعض، والمبني دائماً على العاطفة كعالم للمعرفة. وهذا يعني أن الجو الذي تخلقه العلاقات العامة لا يمكن أن يهدف إلى المعرفة المادية التي يخشى دائماً أن تمنى بالبرودة. واستناداً إلى هذه النقطة بالذات تمكن كلوديل من إعطائنا شعاراً للعلاقات العامة بكلمته المشهورة:" كل معرفة هي ولادة جديدة".

عقلية متفحصة (إعلام، علاقات، تواصل):

لا يكفي أن تكون حرارة العلاقات مشتركة كحرارة المآدب الشعبية (التي هي نوع تقليـدي مـن العلاقات العامة قبل أن توجد هذه الكلمة) كذلك ينبغي أن تكون العقلية الجديدة التي تخلقها العلاقـات العامة عقلية متفحصة. أن الحكم هو التبصر في الأمور ونظرة إلى المستقبل، والعلاقات العامـة- بتحديـدها نفسه – تهيئ المستقبل، فهي لا تنشغل بـدخل مبـاشر، ولا بإنتاجيـة يثبـت الإحصـاء تحسـنها بالنسـبة إلى الأمس: فهي تريد أن توجه نحـو الغـد، ولـيس المهـم هوالحصـول عـلى تحسـن سريـع في النتـائج الحاليـة المرضية، بل المهم هو تهيئة "غـد يغنـي" لا تسـطيع المؤسسـة أن تتخيلـه في قطاعهـا التجـاري وفي قسـمها الفعال، وفي قواها الحية، أن العلاقات العامة تحلم "بالسمعة الطيبة" بينما يهتم الجناح العامل في الشركة التجارية "بزناره الذهبي" . ومملوا القرن العشرين الذين يساعدون على تطـوير العلـوم والفنـون، يتبعـون كلهم طريق العلاقات العامة نفسه. ولم يكن عـلى سـبيل الصـدفة أن يكـون مخـترع الـديناميت هوواضـع جائزة نوبل. فقد يكون الأمر متعلقاً" بالتعويض" في المستقبل أكثر منه في الحاضر.

ولكن الجديد الأساسي في العلاقات العامـة هـو تحديـدها نفسـه للعلاقـات. إن التعبـير الفرنسي- يقطع تماماً محتوى التعبير الأنكلو سكوني : أن يكون للمرء علاقات عامة، ذلك يعنـي أنـه يعقـد صـداقات. فالرجل العادي يرغب في أن يكون له أصدقاء، ويحب أن يقيم علاقات طيبـة مـع محيطـه، ومـع رفاقـه في العمل، ومع رؤسائه وإذا ما وقف منهم موقفاً عدائياً فلأنه لم يجـد حـلاً آخـر، ولأن اليـأس قـد تسرـب إلى قلبه، وذلك مرده إلى عدم وجود "تواصل " بينه وبين رفاقـه، أو بينـه وبـين رؤسـائه إذن، فغايـة العلاقـات العامة هي إقامة أو تجديد هذه "الاتصالات" وإكثار "الجسور" التي هي الرسائل الشخصـية، والمنشورات على جميع أنواعها، والمعرض، والمساعدات، وصحيفة المؤسسة، إلخ.. بوضعها وراء كل ذلك، نظام المراتب، وعلاقات السلطة، والعلاقـات بـين الشـخص والمجمـوع، بنـوع تصـبح معه المشكلة الكبرى هي حذف المنعزلين، وكبح جماح المعارضين، ومنع المناهضين من

الثورة، ويحدد رون ذلك بقوله: " إذا كان الفرنسي يفكر في أن عليه أن يكون دائماً ثائراً ليثبت أنه فرنسي أصيل، فإن الأمريكي يناقضه كل المناقضة في هذه الناحية". يميل الأميركي إلى التفكير في أن "الحالة الطبيعية هي اكتمال الأشخاص باندماجهم في المجموع".

والواقع أن كلمة آلان:" التفكير هو القول لا ....لا معنى لها في نظر العلاقات العامة، ومعارضة المجموع هي بالنسبة إليها توتر عصبي، والخضوع هو الشيء العادي من حيث تنشأ الأهمية الكبرى التي يرتديها مفهوم الاتصالات، كل هندسة بشرية تعتمد على تقنية الاتصالات. وكما يقول ميشال كروزيه: " أن مفهوم الاتصالات هو المفهوم الأساسي للهندسة البشرية (ويسمونه أحياناً تقنية الاتصالات). والحاجة الأولى لكل إنسان، بحسب مهندسي الجنس البشري، هي الاتصال، والكائن الحي يتصل منذ ولادته، لأن التنفس هو اتصال.

الاتصال هو إقامة علاقة مع اناس اخرين. و " أن يكون لك شيء مشترك، أي الاقتسام". والإنسان يتصل بالبيئة الخارجية وبالآخرين، وما يفتش عنه، قبل كل شيء، هو الشعور بالانتساب إلى الناس والعيش معهم. وأردأ ما يمكن أن يحصل له هو الحرمان، والأبعاد، وطرده من الجماعة. وأعنف عذاب يمكن أن يحكم به على مجرم، ما عدا الموت، هو وضعه في سجن انفرادي، ولكن الاتصال لا يتبع دائماً خطاً واحداً، فهو يقتضي دائماً عملاً ورد فعل، نحن لا نتصل بجدار ولا بمن يحتقرنا، بل نتصل فقط بمن يرغبون في الاتصال.

أن تقنيات تقويم الاتصالات السيئة تقود إلى إعادة تنظيم التدرج (مع الأخذ بعين الاعتبار ضرورات التواصل)، وإلى تغيير في روح القيادة. وتنصب جهود العلاقات العامة، في كل مكان، وحيث يبدو ذلك ممكنا، على الاستعاضة عن الخوف بالصداقة، وعن النظام بالاجتذاب:" القاعدة الأساسية هي أن ترضي وأن تؤثر" كما هي الحال عند موليير وراسين. والاتصال بين الناس له امتياز "الإدارة الجماعية " التي تقوم ، بالتدريج، مقام الأوامر الدكتاتورية، فتلغى في كل ناحية المحاباة والمحسوبية، وتعتمد جداول نسبية

بين الرتب والألقاب والمعاشات، والقدم، والتواصل لا يمكـن تحقيقـه الا بالارتباط ارتباطاً وثيقـاً بالاعلام، فالمؤسسة يجب أن تكون ذلك "البيت الزجاجي" المرئي من الخارج والداخل، من الصحافة كما من الحكومة، ومن الزبائن كما من المنافسين، والطمأنينة تنال بهذا الثمن أما العلاقات الغامضة، وعدم معرفة الأهداف والجهل بتنظيم مؤسسة ما، فإنها تقود إلى القلق الشديد، وسكوت إدارة عـن إعـلان نياتهـا هـو، بنوع خاص، مثار للقلق.

فالإعلام إذن يجعل النيات علنية، ويبرز بوضوح معالم الطريق التي تسير فيها المؤسسة، ويظهر لكل فرد ما هي الجماعية في العمل إذ يتيح للجميع أن يساهموا في مجهود مشترك، وأن يكونوا متضامنين في بيئة تعمل بإرادة خيرة لمستقبل أفضل. وتسمح النشرة الداخلية لهذا الاتصال بأن يصبح فعالاً، وتساهم بقوة في إلقاء جسورها بين الجماهير المختلفة، وبين النشاطات المتنوعـة، وبواسطتها يجد موظفو وعمال المؤسسة " رباطاً" يجمع بينهم إذ يشـعرون، بالضرورة، بعاطفـة الانتسـاب إلى المجموع، وهكذا لا يعـود باستطاعة العلاقات العامة إلا أن تكون عامة.

الاقناع المتستر والصدق

لقد أظهر فانس باكـارد في مؤلفه القيم " الإقنـاع المتستر" إلى أي مدى يذهب الدأب في العلاقـات العامة، الجديرة بصنع حياة الناس، في "التآمر" عـلى ليونتهم، أن خطر هـذه السـيكولوجية التـي لا يسـبر غورها، وهذا البحث عن بلوغ أعماقنا، هو التوصل إلى دعاية موجهة بدقة ننتهي معها بألا ننتبه إلى "العمل النفسي" الممارس على ذواتنا. وهكذا نصل إلى فكرة "نفس مغلفة" وإلى تأثير تدريجي عـلى بواعثنا يسمح للعلاقات العامة بغزو اللاوعي فينا غزواً "تاماً" ، يقول فانس باكارد:" لا شيء محـرم عـلى البـاحثين. ويقدم بعض الأخصائيين في العلاقات العامة نصائح لرجال الدين تتعلق بالطريقة التي يجب أن يسوسـوا بها رعاياهم. ويذهبون كما هي الحـال في "جماعـة الغد" الكبرى في فلوريـدا حتـى إلى اختيار أصدقائنا. فعندما يبيعوننا بيتاً يقدمون لنا معه الأصدقاء، كما يقدمون الملابس

الداخلية، وكل شيء يقدم بشكل رزمة كبيرة متماسكة الجوانب ويسرد لنا فـانس باكـارد نفسـه هذه الطريقة التي يتبعها أحد مديري العلاقات العامة:" إن ما نمل له هو صنع عقول". أما والحالـة هـذه، فيحق لنا أن نتسائل عما تتميز به العلاقات العامة عن الدعاية؟ ويعترف فانس باكارد، الذي لا يمكن نعتـه بأنه عدو الأميركين، بأن هذا " السبر وهذه المعالجة لهما بالتأكيد، صفة إيجابيـة ومسـلية، ولكـن يجـب أن نضيف أن لهما كذلك تطبيقات ضد الإنسانية واضحة كل الوضوح. إنهما تمثلان غالباً تخلفاً أكثر مما تمـثلان تقدماً في النضال الطويل الذي يقوده الإنسان ليصبح كائناً عقلياً جديراً بقيادة نفسه".

نشعر هنا بحدود العلاقات العامة، غير أنه يجب ألا يتحول الإعلام الموضوعي، الذي دافعت عنه العلاقات العامة، لدى نشوئها، إلى إقناع مخرب، وألا ينتهي العطـف الـذي يغلفـون بـه الاتصـال إلى تمويـه التفكير الصائب الذي يمكن أن يعلن عنه بنزاهة. ويحق لفانس باكارد أن يقول: " إن العالم يصبح ممـلاً إذا كان علينا جميعاً أن نكون عقليين وصوابيين وعاديين طـوال الوقـت...، وإنـه لأعـذب في بعـض الأحيـان، أو أسهل، أن نكون بعيدين عن المنطق، ولكني أفضل أن أكون كذلك بإرادتي الحـرة عـلى أن أكـون مخـدوعاً". والحقيقة والحرية اللتان أشرنا إليهما كأساسين للعلاقات العامة، واللتان تميزانها عن الإعـلان والدعايـة، قـد يتجاوزهما الإقناع المتستر، ولا يمكننا أن نكون شديدي الاحتراس بالنسبة لهذه النقطة، ويشير فـانس باكـارد إلى أن " أخطر جريمة يرتكبها مخادعو اللاوعي هي هتك سر عقولنا، وفي رأيي أن حق السريـة والحريـة في أن نكون عقليين أوغير عقليين، هذا الحق يجب أن نبذل جهدنا لحمايته".

ويهم كثيراً، في الواقع ألا تضغط علينا العلاقات العامة، أو أن نعاني "هتكاً حقيقياً لضـميرنا". هنـا يكمن أعظم خطر لمديري العلاقات العامة. فبمقدار ما يتعذر أن يكـون العمـل المحـدود في قطـاع مبتـدئاً (مثالاً على ذلك حملة العلاقات العامـة للتعريـف بمميـزات الجلـد والمـارغرين أو اليـاغورت) بهذا المقدار يكون تكوين وتمويه، وتقييـد العقـول بواسـطة مـديري العلاقـات العامـة الـذين يملكون طرقاً هامة ويمارسون أساليب الدكتور

ديشتر، فيتمكنون من التوصل إلى نتائج فعالة في تسميم الإنسان، وأفضل دواء يكون إذن هو إبقاء هذا الحاجز الأساسي من الشرعية في إطار العلاقات العامة.

ويجب أن يتعهد مديرو العلاقات العامة بعدم "الغش" او نبذ الحقيقة، وبعدم استعمال وسائلهم في التواصل، في قطاعات يمكن أن تكون فيها نتائج أعمالهم شديدة الخطورة. لقد أظهرت التقنيات والعلوم النفسية قوتها في القرن العشرين؛ ولكنها كثيراً ما أظهرت هذه القوة مقدرتها على التخريب. ويشرف العلاقات العامة أنها لا تريد السقوط في الإفراط بتقنية خاطئة وعلم خاطئ، بل على العكس، بالانفراد في رغبة التعبير عن حقيقة متممة تكون في وقت واحد كفيلة لأمانة مدير العلاقات العامة الفكرية، وأساساً لثقة جماهيره المختلفة به. ويبدو أن اختبار الحقيقة بالنسبة للعلاقات العامة كاختبار النار: هم يصنعونها، وهم يهربون منها، إنها تظهر النفس.

الفصل الثاني

مأسسة العلاقات العامة

وضوح مفهوم العلاقات العامة

عدم وضوح مفهوم العلاقات العامة لدى إدارة المؤسسة

تعريف العلاقات العامة

أهمية العلاقات العامة

التنظيم الإداري للعلاقات العامة

العلاقات العامة حاجة دائمة

مفهوم العلاقات العامة

بعض مهام العلاقات العامة

المحاور الرئيسية لنشاط العلاقات العامة

الوظائف الرئيسية للعلاقات العامة

أهداف العلاقات العامة

بعض الأنشطة الأخرى العلاقات العامة

خصائص العلاقات العامة

مأسسة العلاقات العامة

تعد المؤسسات ركنا اساسيا من اركان اي مجتمع متحضر ، ووجودها ذاته، يعنى أنها يجب ان تعمل مع باقي مرافق المجتمع لتحقيق الاهداف و تقديم خدماتها لأفراد المجتمع. على هذا الأساس أصبح على هؤلاء الأفراد أو الجمهور الاقرار بوجود المؤسسة، فالجمهور هو الذي يمنح الدعم والتأييد الذي تحتاجه أي مؤسسة في عالم اصبح التنافس فيه بين المؤسسات الانتاجيه والخدميه بل وحتى السياسيه سمة اساسية ، ومن هنا كان تنامي وتزايد أهمية الرأي العام، بعدما انتشرت وتطورت تكنولوجيا المعلومات والاتصال الرقمي، وأيضاً حاجة المجتمعات إلى الإصلاح السياسي والاقتصادي والاجتماعي، والدعوات المتزايده لإطلاق الحريات العامة لاسيما بعد ما اصاب العالم من احداث وكوارث لم يعد بالامكان مواجهتها إلا من خلال جهود جباره ومنظمة ومخطط لها وأجهزة كفوءه ، ناهيك عما أفرزته ظاهرة العولمة والثورة الكبيره في عالم المعرفة.

وقد أدرك القسم الاعظم من الشركات والمؤسسات على اختلاف وتنوع اختصاصاتها أن نجاحها يرتبط بقدرتها على تحقيق اكبر قدر من الاتصال بالجماهير وخلق الانطباع الجيد والصورة الإيجابية عنها، وتحسين سمعتها، والتأثير على الرأي العام.

ان هذه الحقائق هي التي فرضت واقعا جديدا جعل للعلاقات العامة دورا محوريا واصبح لوجودها في جسد اية مؤسسه حديثة تريد النجاح شيئا ملزما حيث هناك الحاجة الماسة والجوهرية لها أيا كان نوع المؤسسة، اذ لا غنى عن العلاقات العامة، وبدون مهامها لا يمكن لأي نشاط أن يتحقق، فالعلاقات العامة اصبحت اليوم ظاهرة اجتماعية اساسية وحتمية لأي مجتمع إنساني وبدونها لايمكن قيام أية علاقات سليمة وناجحة بين أفراد ومؤسسات هذا المجتمع أو ذاك.

وتأسيسا على ذلك فأن هذا الوضع لابد ان ينعكس على البعد الاستراتيجي للعلاقات العامة فيما يتعلق بالادارة العليا للمؤسسة وصناع القرار فيها، بما في ذلك الفهم الصحيح للدور والمهام الذي يمكن لها تأديته بعيدا عن المفهوم التقليدي للعلاقات العامة في كونها ارتبطت في أذهان البعض بأعمال التشريفات والمجاملات والاستقبال والقيام بالمهام الإعلانية فقط.

مفهوم العلاقات العامة:

تعد إدارة العلاقات العامة داخل أي منظمة جزءاً من هيكلها التنظيمي، إلا أنها ليست نشاطاً إدارياً فقط كأي إدارة أخرى داخل هذا الهيكل، وإنما هي نشاط جوهره الاتصال، فالعلاقات العامة تمثل نظاماً مفتوحاً تتفاعل مع بيئتها وتؤثر فيها وتتأثر به.

وإذا كانت العلاقات العامة قد أصبحت أمراً لازماً بالنسبة للمؤسسات الحكومية والخاصة، فأنها ألزم ما تكون بالنسبة لاغلب المؤسسات ، حيث لا توجد مؤسسة تحتاج إلى وظيفة العلاقات العامة أكثر من احتياج منظمات المجتمع المدني لهذه الوظيفة، فطبيعة عمل المؤسسات القائم على مبدأ المشاركة والنزوع نحو العمل الطوعي وعدم الربحية يجعلها في حاجة ماسة للتواصل والاتصال المستمر بأفراد المجتمع لكي تضمن إقامة علاقات التفاهم والثقة المتبادلة مع جماهيرها، وبذلك يمكن حثهم على التجاوب مع سياساتها، أو التضحية بالجهد أو الوقت أو المال لدعمها في تحقيق أهدافها وتنفيذ برامجها،كما أن المؤسسات تهتم أيضاً بوظيفة العلاقات العامة أكثر من غيرها من أجل بناء صورتها الذهنية لدى جماهيرها المعنية، وذلك لأن الصورة الذهنية الجيدة هي أساس نجاح المؤسسات، حيث تفتقر في أوقات كثيرة إلى عناصر التقييم المادي لمعرفة مدى نجاحها في تحقيق أهدافها .

ولا يختلف مفهوم العلاقات العامة (على الاغلب) باختلاف المؤسسـات، ويحدث الاختـلاف فقـط في الواقع العملي حينما تعكس أهداف العلاقات العامة فلسـفة المنظمـة التـي تعـبر عنهـا، فالأهـداف التـي تحددها إدارة علاقات عامة في مؤسسة تسعى إلى الربح تختلف عن الأهداف التي تحددها إدارة علاقات عامة في منظمة أخرى لا تسعى إلى اربح، على الرغم من وجود بعض الأهداف المشتركة بينهما .

لكن عدم وضوح مفهوم العلاقات العامة لدى إدارة المؤسسة يؤدي إلى:

- عدم الاهتمام بالعلاقات العامة كنشاط له أصول وأسس علمية يقوم عليها.

- عدم وضوح نشاط العلاقات العامة وتداخل الاختصاصات بين الإدارات داخل المؤسسة.

- تهميش دور العاملين في مجال العلاقات العامة .

- صعوبة تحديد ميزانية تقديرية لازمة لتنفيذ برامج العلاقات العامة.

وفي المقابل فإن وضوح مفهوم العلاقات العامة يؤدي إلى:

1- المساهمة في الحـد مـن تـداخل الاختصاصات وتضاربها بـين إدارة العلاقات العامـة والإدارات الأخرى.

2- إمكانية تحديد أهداف ومسئوليات إدارة العلاقات العامة بوضوح، وبالتالي وضع تنظيـم إداري عملي جيد لها.

3- إمكانية وضع الخطط والـبرامج التـي يسـير وفقـاً لهـا نشـاط إدارة العلاقـات العامـة وتحديـد المخصصات المالية والعناصر البشرية اللازمة.

قد يبدو مفهوم العلاقات العامة غامضاً بعض الشيء على الكثيرين أو ملتبساً ولذلك سنقوم بجولة للتعريف بمفهوم العلاقات العامة ، وماهي أهدافها ، وما هي أنواعها ، وكذلك ما هو دور العلاقات العامة في النهوض بالمؤسسة وبالمجتمع ككل .. فالعلاقات العامة هي الجهاز الذي يربط المؤسسة بجمهورها الداخلي والخارجي. وللتقدم التقني في وسائل الاعلام المختلفة ولاسيما فيما يتعلق بالاتصال دور في زيادة فعالية هذا الجهاز . ومن هنا فأن هناك حاجة متزايده في الطلب لاسيما في العقود الاخيرة على تطوير اقسام العلاقات العامة ، وسبب الاقبال على العلاقات العامة هو الدور الذي يلعبة هذا الجهاز واهميته لكل مؤسسة حيث يقوم بنقل صورة للانشطة والخدمات التي تقدمها للجمهور وحاجة الجمهور للحصول على تلك المعلومات. هنالك الكثير من التعريفات للعلاقات العامة وهذه التعاريف تتطور مع تطور هذه الاداة.

تعريف العلاقات العامة :

1- تعريف العلاقات العامة في قاموس اكسفورد((العلاقات العامة هي الفن القائم على اسس علمية لبحث انسب طرق التعامل الناجحة المتبادلة بين المنظمة وجمهورها الداخلي والخارجي لتحقيق اهدافها مع مراعاة القيم والمعايير الاجتماعية والقوانين والاخلاق العامة بالمجتمع))

2- تعريف الجمعية الدولية للعلاقات العامة ((هي وظيفة اتصاليه اداريه دائمة ومنظمة تحاول المؤسسة العامة او الخاصة عن طريقها ان تحقق مع من تتعامل او يمكن ان تتعامل معهم التفاهم والتأييد والمشاركة ، وفي سبيل هذه الغاية على المؤسسة ان تستقصي راي الجمهور ازاءها وان تتكيف معه بقدر الامكان سياستها وتصرفاتها وان تصل عن طريق تطبيقها لبرامج الاعلام الشامل إلى تعاون فعال يؤدي إلى تحقيق جميع المصالح المشتركة)) ..... يرى المؤلف ان حصر العلاقات العامه بالجانب الاداري فقط فيه اجحاف لما تعنيه وتقوم به العلاقات العامه من مهام وادوار كبيره لذا اضفنا الى التعريف وظيفه اتصاليه.

أهمية العلاقات العامة

دور العلاقـات العامـة لا يقتصر ـ علـى التعريف بأنشطة الجهـاز بـل يمتـد لاستقبال المعلومـات مـن الجمهور ليعمل من خلال هذه المعلومات على تطوير الجهاز ، وكما ان لها دور في تلبية رغبات وحاجات الجمهور الداخلي من نواحي مختلفة وخلق صورة ذهنية ايجابية للمؤسسة لدى الجمهور الخارجي.

أهداف العلاقات العامة

- التعريف بنشاط الجهاز ((وسيلة في التعريف الصحيح المقنع بنشاط الجهـاز وكسـب تأييـد الجمهـور والرضى عنه))

- البحث وجمع المعلومات ((اجراء بحوث الراي والاستطلاع وجمع معلومات عـن الشركـات المنافسـة ومنتجاتها وجماهيرها وكذلك معلومات عن الشركة ومنتجاتها))

- الاتصال ((توفير قنوات الاتصال المناسبـة في الاتجاهين مـن المنظمـة إلى الجماهيـر ومـن الجماهيـر إلى المنظمة ام عن طريق الاتصال الشخصي او الاتصال الجماهيري))

- تخطيط برامج العلاقات العامة وتنفيذها ((تضع خطط وقائيـة و علاجيـة لتحسـين صـورة المؤسسـة الذهنية لدى الجماهير وتقسم إلى خطط طويلة ومتوسطة وقصيرة المدى))

- التقييم ((تقوم بتقيم برامجها وخططها تقيم قبلي وتقيم مرحلي (اثناء التنفيذ) وتقيم بعدي))

- التنسيق ((تعتبر جهاز تنسيقيا بين ادارات المؤسسة المختلفة ، وكذلك التنسيق بينها وبين جماهيرها))

التنظيم الاداري للعلاقات العامة :

للعلاقات العامة العديد من الاطر الادارية شأنها شأن اية اقسام داخل المؤسسة ولكن هذا الجهاز أكثر خطوره من غيره من حيث الدور الذي يلعبه في التحكم في العمليات الاتصاليه التي تتم بين المستويات الاداريه العليا والوسطى والدنيا وكذلك تكوين الصورة الذهنية للمؤسسة بالنسبة للجمهورين الداخلي والخارجي وهناك بعض المؤسسات ترى ضرورة وضع العلاقات العامة في الاداره الوسطى نظرا لما يمكن ان تلعبه مثل هذه الاداره في تكوين اتصال ناجح بين الاداره العليا والاداره الدنيا .

لذا يجب وضعها في اعلى سلم الاداره داخل اية مؤسسة لسببين :-

1 - الدفاع عن المؤسسة ضد اي استقطاعات مادية يمكن ان تؤثر على اداء هذا الجهاز الاتصالي.

2 - وكنتيجه للسبب الاول يمكن لجهاز العلاقات العامة ان يدافع عن العاملين في الادارة المباشرة (الادارة الدنيا) ضد تعنت الادارة العليا .

ان وضع العلاقات العامة في السلم الاداري يمكن ان يأخذ وضعه الصحيح حسب اقتناع الادارة العليا بأهمية هذا الجهاز فهناك بعض الادارات التي تعتبر العلاقات العامة ليست أكثر من إدارة للدفاع عن المؤسسة في اوقات الازمات ومادامت لا تتعرض المؤسسة لازمات فجهاز العلاقات العامة ليس له أهمية وهناك ادارات اخرى تعتبرها على انها إدارة تنفيذية تقع في اخر الجهاز التنفيذي ولاداعي لوضعا في محل مشاركة في ادارات اتخاذ القرارات ليس أكثر، فهي إدارة اتصاليه وهناك اخرون لا يعترفون اساسا بهذه الادارة ولا يملكون ادنى علم بالدور الذي يمكن ان تقوم به هذه الاداة في النهوض بالمؤسسة وفي النهاية يجدر بنا الاشارة إلى انه يجب ان تعمل إدارة العلاقات العامة في شكل فريق عمل يسعى لتحقيق اهداف عامة ينتج عنها اهداف تفصيلية في مجملها تحقق الهدف العام للمؤسسة وكذلك تعمل في اطار مراعاة مصلحة المجتمع.

اضافة الى تنظيم العلاقات الإنسانية على أسس من التعاون والانسجام وضمان التفاهم بين المؤسسات بمختلف أنشطتها الثقافية والاقتصادية والاجتماعية من جهة والجمهور ومن جهة أخرى ... وذلك لإقامة علاقات ودية سليمة بين الجمهور وكل منظمة على اختلاف أنواعها.

العلاقات العامة حاجة دائمة

العلاقات العامة كنشاط واتصالات يمكن أن تكون خارجية أو داخلية، فالعلاقات الخارجية تستهدف الجمهور الخارجي بالبيئة الخارجية .... أما العلاقات الداخلية تستهدف العاملين داخل المؤسسة، وتشترك العلاقات الخارجية مع العلاقات الداخلية في ضرورة العمل على كسب ود الجمهور الذي تتعامل معه والحصول على تأييده لسياساتها واستراتيجياتها وذلك كله بإعلامه الإعلام الصادق والحقيقي.

مفهوم العلاقات العامة:

مجموعة الوسائل المستخدمة بواسطة المؤسسات والمنظمات لخلق جو من الثقة المتبادلة مع موظفيها وعامليها ومع المتعاملين معها بصفة خاصة ومع الجمهور بصفة عامة، وذلك بقصد الحصول على تأييدهم لسياساتها وتعاطفهم معها، وذلك لتشجيع استمرارها وتطورها وبالتالي تمثل في النهاية المجموعة المنسجمة المتكاملة مع العلاقات الاجتماعية المتولدة عن النشاط الاقتصادي في إطار من الولاء للمؤسسة وفي إطار المعلومات الواضحةالحقيقية ، ويقوم هذا التعريف والمفهوم على أساس ثلاثة معايير أساسية وهي:

- المصلحة العامة المشتركة.

- إدخال مفهوم أساسي وموحد للجميع.

- التحرر من أي مفهوم للدعاية والإعلان .

الدور الفعال للعلاقات العامة مع الجمهور الداخلي والخارجي:ـ

طبقا للدور الذي تقوم به العلاقات العامة فانه يمكن تقسيم العلاقات إلى نوعين:ـ

العلاقات العامة الخارجية :وهـي تلـك الأنشطة المتعلقـة بالاتصالات المتبادلـة بين المؤسسة والجمهور الخارجي حيث الدور الحقيقي للعلاقات الخارجية وتأثيره الفعـال علـى الجمهور، وتأييده من خلال إمداده بالبيانات والمعلومات الأكيدة من خلال وسائل الإعلام المختلفة لخدمة الجمهور ، من خلال نقل الكم الهائل من المعلومات له والتعرف على ردود أفعال تجاه النشاط المعلن عنه .

العلاقات العامة الداخلية : وهي (كما اشرنا اليها سابقا) تلك الأنشطة المتعلقة بالاتصالات مع الجمهورالداخلي وتقوم على أساس كسب ود وتعاطف العاملين، وكذلك عليها أن تقاوم الأفكار المغلوطة ... وأن تعمل على دفع وإشعار العاملين بالانتماء للمؤسسة والعمل بروح الفريق الواحد ، وحتى يمكن الوصول إلى هذه النتيجة فإنها تستخدم الإعلام الصادق كما تستخدم وسائل أخرى كاللقاءات والاجتماعات والنشرات والعديد من المشاركات في المناسبات المختلفة.

بعض مهام العلاقات العامة

إن مهام العلاقات العامة يجب أن تكون محددة وواضحة وصريحة ومفهومـة وواقعيـة وعمليـة من حيث قابليتها للتحقيق وإمكانية التنفيذ. أضافه إلى ارتباطها بأهداف المؤسسة ككل.

ويمكن إيجاز أهداف العلاقات العامة في المؤسسات المختلفة بما يلي:

- كسب رضا الجمهور وتأييد سياسة المؤسسة: وهذا يحتاج إلى حملات إعلاميـة توضيحية للشـرح والاستئناس بآراء الجمهور قبل إقرار الخطة أو السياسة التي تساهم في قبولها عند وضعها.

– التوعية والإرشاد والإعلام: أي إعلام الموظف بأوجه نشاط المؤسسة بغرض خلق المواطن الـواعي والمشارك والمساهمة برأيه ورضاه عن النشاط.

– معرفة الرأي العام واتجاهاته فيما يختص بتقييمه لمستوى الأداء العـام للمؤسـسة والعمـل عـلى تلبية احتياجاته قدر الإمكان على أن لا تتعارض تلك الاحتياجات والطلبات مع المصلحة العامة.

– دحض الشائعات والحملات المغرضة بإبراز الحقائق والمكاشفة.

– دعم الصلة مـع أجهـزة الإعلام وتكـوين صـورة طيبـة ومركـز ممتـاز للمؤسسة لـدى الجمهـور الخارجي.

– دعم العلاقات الإنسانية بين جمهور العاملين بالمؤسسة وربطهم بعلاقات طيبة ودعـم العلاقـات مع المؤسسات والأجهزة الأخرى.

– الاهـتمام بشـؤون العـاملين وتهيئـة الظـروف المناسبة والصـحية للعمـل لهـم ومتابعة اقتراحات الجمهور وملاحظاتهم ومساعدته على تكوين رأيه بتزويده بكافة المعلومـات ليكون هذا الرأي مبنيا على أساس من الواقع والحقائق ونقل رأي الجمهور إلى الإدارة العليا.

– إتباع أسلوب البحث العلمي وإجراء الدراسات والبحوث في حل مشاكل العلاقات العامة وفي الاعتماد على التخمين والحدس والتقييم.

– القيـام بـدور المركـز الإعلامي وتكـون العلاقـات العامـة قنـاة الاتصال الرسـمية بـين المؤسسة وجمهورها.

– تزويد الجمهور من خلال وسائل الإعلام المناسبة بالحقائق والآراء مما يجعله على دراية ومعرفة بسياسات المؤسسة وآخر ما وصلت إليه من تطور في خدماتها

- جمع المعلومات عن مدى التغيير في اتجاهات الجمهور نحو سياسات وأعمال المؤسسة.

- تخطيط وإدارة البرامج الإعلامية بالمؤسسة.

المحاور الرئيسية لنشاط العلاقات العامة وهي:

أولا محور الإعلام ..ويشمل:

1. التعريف بالمؤسسة من خلال الشرح والتفسير عبر وسائل الإعلام المختلفة والمناسبة وبلغة سهلة الفهم للجماهير المعنية.
2. تخطيط وتنفيذ برامج العلاقات العامة وحملاتها.
3. إعداد وتحرير البيانات والمعلومات وإيصالها لوسائل الإعلام المختلفة.
4. إعداد وتحرير الكتيبات والأدلة والتقارير والمطويات والنشرات والمطبوعات الأخرى.
5. إعداد وتحرير مجلة المنظمة ودورياتها المختلفة.
6. تخطيط وتنفيذ الملصقات والإعلانات.
7. تنظيم اللقاءات والمؤتمرات والندوات والحفلات.
8. تنظيم الزيارات والرحلات واليوم المفتوح والاستقبالات والمعارض.
9. إعداد كافة أنواع المواد الإذاعية والتليفزيونية.
10. الإشراف على لوحة الإعلانات في المؤسسة.
11. القيام بحملات جمع التمويل المناسب لأنشطة المؤسسة.
12. رفع كفاءة استخدام وسائل الاتصال المتاحة.

ثانيا محور الاستعلام ..ويشمل:

1. إجراء البحوث والدراسات وجمع المعلومات عن جمهور المؤسسة أو الـرأي العـام والوصول إلى مؤشرات دقيقة عن مواقفها تجاه المؤسسة.

2. تحليل اتجاهات الجمهور والرأي العام تجاه المؤسسة ومتابعة هذه الاتجاهات لمعالجة الجوانب السلبية منها ودعم الإيجابية منها تجاه المؤسسة.

3. التأكد من صحة المعلومات التي تنقل للجمهور، والعمل على تصحيحها وتدارك الموقف في حـال كون هذه المعلومات غير صحيحة.

4. متابعة شكاوى الجماهير والتعرف على أسبابها وتقديم الحلول لها.

5. متابعة ما ينشر عن المنظمة في وسائل الإعلام المختلفة، والتصدي للرد على أي شائعات أو أخبـار كاذبة أو معلومات مضللة وغير صحيحة عن المؤسسة.

ثالثا محور التنسيق ..ويشمل:

1. ربط خطة العلاقات العامة مع خطط الإدارات الأخرى في إطار الخطة الشاملة للمؤسسة.

2. ربط أنشطة العلاقات العامة بالأنشطة الأخرى في المؤسسة والتنسيق فيما بينها بما يمنع التداخل والتعارض بينها.

3. تقديم المشورة للإدارة العليا حول سياسة المؤسسة ، والمشاركة في اتخاذ القرارات التي تؤثر في جماهير المؤسسة.

4. تأمين الاتصال بين الإدارات المختلفة في المؤسسة.

5. التنسيق بين الإدارات المختلفة في المنظمة لتحقيق الانسجام فيما بينهما، وأيضاً تحقيق الانسجام والتكيف فيما بينهما وبين الجمهور الداخلي والخارجي للمؤسسة.

الوظائف الرئيسية للعلاقات العامة:

هناك وظائف رئيسية للعلاقات العامة، من خلالها تقوم بتنفيذ الأنشطة المختلفة لتحقيق أهدافها بما يخدم الأهداف العامة للمؤسسة، وهذه الوظائف هي :

أولاً: البحث

ويقصد به القيام بالدراسات والبحوث المتعلقة بقياس اتجاهات الرأي العام بين كل من الجماهير الداخلية والخارجية للمؤسسة، وجمع الحقائق والبيانات والمعلومات الخاصة بذلك، ومن ثم القيام بتقدير مدى نجاح الحملات والبرامج والأنشطة الإعلامية ووسائلها المختلفة والمبني على قاعدة المعلومات والبيانات الدقيقة.

ثانياً: التخطيط

ويقصد به القيام بتحديد الوسائل الإعلامية المختلفة والمناسبة لكل جمهور، ومن ثم تحديد أسلوب الاتصال بالجمهور المستهدف كالهيئات والأفراد المتطوعين، وقادة الرأي، وجهات التمويل وكل الفئات المعنية بنشاط المؤسسة، وذلك من أجل القيام بتنفيذ الخطط المختلفة التي تم رسمها من قبل.

ثالثاً: الاتصال:

ويقصد به القيام بتحديد الوسائل الإعلامية المختلفة والمناسبة لكل جمهور، ومن ثم تحديد أسلوب الاتصال بالجمهور المستهدف، كالهيئات والأفراد المتطوعين، وقادة الرأي، ومصادر التمويل، وكل الفئات المعنية بنشاط المؤسسة، وذلك من أجل القيام بتنفيذ الخطط المختلفة التي تم رسمها من قبل.

رابعاً: التنسيق:

وهو تحقيق الانسجام والتنسيق بين كافة أنشطة العلاقات العامة، وأنشطة الإدارات الأخرى بالمؤسسة، وذلك من أجل الوصول في نهاية الأمر إلى تنفيذ أنشطة

المؤسسة وتحقيق أهدافها بفاعلية عالية ودون أدنى تنافر أو ازدواج بين الإدارات المختلفة بالمؤسسة.

خامساً: التقويم

ويقصد به قياس النتائج الفعلية لتطبيق برامج العلاقات العامة، وتحديد أوجه التقصير، وبالتالي اتخاذ الإجراءات لتصحيح أوجه الخلل ولضمان فعالية تنفيذ البرامج وتحقيق الأهداف المنشودة.

أهداف العلاقات العامة:

يقوم نشاط اغلب المؤسسات والمنظمات أيا كانت (حكومية - خاصة - أهلية) على جملة من المبادئ والمرتكزات المختلفة، رغم وجود اختلاف في الأهداف التي تسعى العلاقات العامة لتحقيقها من مؤسسة إلى أخرى وفقاً لطبيعة عملها، ونوع إنتاجها أو الخدمة التي تقدمها، وحجم العاملين بها، وهـذه العناصر بدورها تحدد طبيعة نوع ومستوى الجمهور المستهدف الذي يعد من أهم العناصر التي يجب أن تهتم به العلاقات العامة

ويمكن تحديد الأهداف الرئيسية للعلاقات العامة في كافة المؤسسات بشكل عـام، في تـوفير المناخ الملائم وتحقيق الانسجام والتوافق والتكيف بين المؤسسات ومحيطها العام، بما يساعد المؤسسة على تكوين صورة ذهنية وانطباعات إيجابية عنها لدى كافة الجهات المرتبطة بها ـ سواءً مـن داخلهـا أم مـن خارجها ـ وبالتالي يتحقق لها البقاء والاستمرار والنمو .

وينبثق من هذا الهدف الرئيسي ـ عـدة أهداف فرعية تختلف مـن مؤسسة إلى أخرى تسعى العلاقات العامة لتحقيقها، أهمها ما يلي :

1. تأسيس هوية المؤسسة، وتقـديم صورة حقيقيـة عنهـا وعـن أهـدافها وأنشطتها ومشروعاتها وإنجازاتها.

2. السعي المتواصل للمحافظة على السمعة الحسنة للمؤسسة ودعم الانطباعات الإيجابية نحوها، والعمل على توسيع علاقاتها واتصالها مع الجمهور الخارجي للمؤسسة.

3. الاتصال برجال الأعمال والمؤسسات التجارية ومصادر التمويل المختلفة، وكسب تأييدهم ودعمهم للمؤسسة ولمشروعاتها وللدور الذي تقوم به في خدمة المجتمع، حتى يتحقق للمؤسسة الدعم المالي الذي يساعدها على أداء رسالتها.

4. تنمية الشعور لدى أفراد المجتمع لجذب المزيد منهم وترغيبهم وتحفيزهم للمشاركة في أنشطة المؤسسة.

5. تنسيق المواقف وتنمية الاتصال والتعاون المشترك بين المؤسسة وبقية المؤسسات الأخرى.

6. تقديم النصح والمشورة للإدارة العليا بشأن القضايا والمواقف التي تواجه المؤسسة، وبشأن سياساتها وخططها الحالية والمستقبلية، وخاصة فيما يتعلق بجماهير المؤسسة.

7. المحافظة على العلاقات الطيبة والقوية بين أعضاء المؤسسة والعاملين فيها والمتعاونين معها وتنمية العلاقات الجيدة بينهم وبين الجماهير المرتبطة بالمؤسسة بشكل مباشر أو غير مباشر.

بعض الانشطة الاخرى العلاقات العامه:

لكي تحقق العلاقات العامة أهدافها، لابد أن تقوم بمجموعة من الوظائف والأنشطة التي تؤدي إلى تحقيق الأهداف المحددة سلفاً، وعدم القيام بالتحديد الواضح والدقيق لوظائف وأنشطة العلاقات العامة في المؤسسات غالباً ما يؤدي إلى:

1. الخلط بين نشاط العلاقات العامة وبين الأنشطة الأخرى بالمؤسسة، مما يترتب عليـه وجـود نـوع من الصراع بين إدارة العلاقات العامة وبين الإدارات الأخرى بالمؤسسة.

2. عدم إعطاء الأهمية المناسبة لنشاط العلاقات واعتبارها نشاطاً فرعيا يـؤدّي مـن خـلال المجهود الشخصي لكل من يعمل بالمؤسسة أو ينتمي إليها.

3. حدوث الكثير من الخلافات التنظيمية والتضارب في الأداء والتشتت في الجهود بالمؤسسة وعـدم التنسيق بين الأنشطة نظراً للتداخل والاختلاف بـين إدارة العلاقـات العامـة وغيرهـا مـن إدارات المؤسسة.

خصائص العلاقات العامة:

تتضمن محتويات العديد من تعريفات العلاقات العامة أفكاراً وعناصر مشتركة، وعلى ضوء مراجعة هذه التعريفات يمكن أن نحدد أهم خصائص العلاقات العامة على النحو الآتي:

1. العلاقات العامة ليست من الأنشطة الثانوية قليلة الأهمية، بـل تشكل عنصراً أساسياً في أنشطة المنظمات، فهي ضرورية في جميع المنشآت وعلى مختلف المستويات، يفرضها المجتمع الحديث.

2. العلاقات العامة وظيفة إدارية أساسية من وظائف الإدارة، وهي وظيفة مستمرة ومخططة، لا يمكن اعتبارها وظيفة عرضية كردود أفعال آنية لمواجهة المشكلات والأزمات التي تواجه المنظمة.

3. العلاقات العامة وظيفة (استشارية - تنفيذية)، استشارية لأنها تقدم للإدارة العليا مشـورتها في كيفيـة التعامل مع الجماهير، وتنفيذية لأنها تنفذ خطط العلاقات العامة وبرامجها وحملاتها.

4. العلاقات العامة وظيفة اتصالية ذات تأثير متبادل، حيث تعكس وجهة نظر الجماهير للإدارة العليا وتعكس وجهة نظر الإدارة لكافة الجماهير المعنية من خلال استخدام كافة الوسائل والأشكال والقنوات والأساليب الاتصالية المتاحة للمنظمة.

5. الرأي العام هو مجال عمل العلاقات العامة وهدفها الأساسي، من خلال التأثير على اتجاهاته وكسب تعاطفه وتأييده بما يحقق الصالح العام للمنظمة ولجماهيرها المعنية.

6. تعتمد العلاقات العامة في ممارسة أنشطتها على الأسلوب العلمي القائم على الدراسات والبحوث المستمرة، والتخطيط العلمي السليم، فهي ليست نشاطاً عشوائياً.

الفصل الثالث

نماذج ممارسة العلاقات العامة
نموذج جرونج وهانت
أربعة نماذج لممارسة العلاقات العامة
نموذج النشر (الوكيل الصحفي)
نموذج الإعلام العام
النموذج غير المتناسق بالاتجاهين
النموذج المتناسق بالاتجاهين
دراسة Larissa Schneider
عوامل اختلاف الشكل التنظيمي للعلاقات العامة
تصميم هيكل التنظيم الداخلي للعلاقات العامة
العلاقات العامة والصورة الذهنية
تصنيف الصور الذهنية
صورة المرآة
الصورة الحالية
الصورة المثالية
الصورة المتعددة

أهمية الصورة الذهنية للمنظمات

اهداف المؤسسه في بناء الصوره الذهنية الإيجابية

استخدامات شبكة الإنترنت في مجال العلاقات العامة

تأثير تكنولوجيا المعلومات في العلاقات العامة

أبرز استخدامات العلاقات العامة للإنترنت

رؤية حديثة في ممارسة العلاقات العامة

تعريف استراتيجيات العلاقات العامة وتطورها

محاور إعداد خطة الإستراتيجية الفعالة

نماذج ممارسة العلاقات العامة :

لكي يتم رفع وتحسين مستوى ممارسة العلاقات العامة في المنظمات، فيجب أولاً أن نفهم كيف ولماذا تمارس المنظمة العلاقات العامة بالطريقة التي تمارس بها؟ وعليه، فقد اقترح "جرونج وهانت Grunig & Hunt "مفهوماً نظرياً لكيفية ممارسة العلاقات العامة على مستوى المنظمة، وهذا المفهوم يقوم على الربط بين متغيرين هما :

- اتجاه الاتصال (اتجاه واحد ـ اتجاهين). - تأثير الاتصال (متناسق ـ غير متناسق) .

ونتج عن الربط بين هذين المتغيرين أربعة نماذج لممارسة العلاقات العامة هي:

-النموذج الأول: نموذج النشر (الوكيل الصحفي) :

وفق هذا النموذج تتم ممارسة العلاقات العامة بهدف تحقيق شهرة ودعاية للمنظمة من خلال نشر اسم المنظمة التي تمثلها بكل الطرق الممكنة، وغالباً ما تكون المعلومات المقدمة للجمهور غير كافية أو تكون معتمدة على بعض الحقائق، أو مضللة لخداع الجمهور،كما أنها تستخدم الاتصال أحادي الاتجاه (من المنظمة إلى الجمهور) ولا تستخدم البحث العلمي، وإذا استخدمته فبأشكاله الأولية، مثلاً القيام بعَدّ الحضور في أي نشاط تقوم به.

-النموذج الثاني: (نموذج الإعلام العام):

وفق هذا النموذج فالإعلام العام هو أهم أهدافه، فيركز ممارسو العلاقات العامة في هذا النموذج على نقل المعلومات ونشر الأخبار بأمانة وموضوعية من المنظمة إلى جماهيرها، والاتصال فيه أحادي الاتجاه أيضاً، وتنحصر البحوث في هذا النموذج على البحوث الانقرائية وبحوث التعرض.

-النموذج الثالث: (النموذج غير المتناسق بالاتجاهين):

يعتمد على الاتصال في اتجاهين، من المنظمة إلى جمهورها (الداخلي والخارجي)، ومـن الجمهـور إلى المنظمة، وينحصر الهدف الأساسي للعلاقات العامة بالإقناع المخطط والمبني على أسس علمية، وذلك لإقناع الجماهير المعنية بنشاط المنظمة، وتحويل هذا الإقناع إلى سلوك مؤيد للمنظمة.

وعملية الاتصال في هذا النموذج غير متوازنة، حيث تحاول العلاقات العامة التأثير علـى الجمهـور وإقناعه لمصلحة المنظمة، دون أن تحاول هي تعديل سياساتها وبرامجها استجابة لآراء ورغبـات الجماهير، ولكي تحقق العلاقات العامة هذا الهدف فإنها تقوم بإعداد خططها وبرامجها بشـكل دقيق معتمـدة علـى أسس علمية،كما تستخدم البحث التقييمي الذي يهدف إلى قياس أثر وجهـود بـرامج العلاقـات العامـة في اتجاهات الجماهير وسلوكها.

-النموذج الرابع: (النموذج المتناسق بالاتجاهين) :

وفقاً لهذا النموذج تهـدف العلاقـات العامـة إلى تحقيق التفاهم المتبـادل بـين المنظمـة وجماهيرهـا والاتصال فيه يتم في اتجاهين متوازيين، فالعلاقات العامة تهتم بإقناع الجمهور والتأثير فيه، وللجمهور قـوة تأثير توازي قوة تأثير المنظمة، فيؤثر على إدارة المنظمة لتعديل سياساتها وقراراتها وخططها تلبية لرغباتـه واتجاهاته، ويستخدم هذا النموذج البحث التكويني والبحث التقييمي.

حيث يستخدم البحث التكويني لمعرفة مفهوم المنظمة لدى الجمهور، وتقديم النصح والمشورة للإدارة العليا فيما يتعلق بردود فعل الجمهور على سياسات المنظمة واقتراح تغيير أو تعديل هذه السياسات لتكون أكثر فائدة للجمهور، أيضاً يستخدم لمعرفة مدى

تفهم الجمهور للمنظمة ومدى تفهم المنظمة للجمهور، أما البحث التقييمي فيستخدم لمعرفة مستوى التفاهم المتبادل بين المنظمة وجماهيرها نتيجة لجهود العلاقات العامة.

وفي دراسة لـ Larissa Schneidr تناولت العلاقة بين بناء المنظمة ونماذج ممارسة العلاقات العامة، بالاعتماد على تصنيف المنظمات وفقاً لبنائها التنظيمي وبيئتها المحيطة بها، وتوصلت إلى عدة نتائج، يمكن عرضها في الجدول التالي:

تحديد المستوى والشكل التنظيمي للعلاقات العامة :

لا شك أن المستوى والشكل التنظيمي المناسب للعلاقات العامة يختلف من منظمة لأخرى، وذلك تبعاً للعديد من العوامل، أهمها :

1- حجم المنظمة: حيث يقاس حجم المنظمة بعدد العلاقات التي تعيشها المنظمة في علاقاتها الداخلية والخارجية، على اعتبار أن اتساع هذه العلاقات يمثل دليلاً على حيوية المنظمة ومدى توسعها.

2- طبيعة الإدارة العليا للمؤسسة: ومدى اقتناعها بدور العلاقات العامة، وقدرتها على مساعدتها في القيام بأدوارها المختلفة، وفي مقدمة هذه الأدوار وضع السياسات الخاصة بإدارة المنظمة، والمرتبطة باتجاهات الرأي العام وبفئات جمهور المنظمة، من أجل الحصول على تأييدهم لسياسة وأهداف المنظمة.

3- طبيعة النشاط: فمنظمات المجتمع المدني تمارس أنشطة تختلف عن المؤسسات التجارية أو المنظمات الحكومية، وكل منظمة تحتاج إلى نوع معين من التنظيم للعلاقات العامة يختلف عن مثيله في المنظمات التي تمارس أنواعاً أخرى من النشاط، وأيضاً يتأثر تنظيم إدارة العلاقات بالنطاق الجغرافي لنشاط المنظمة.

4- حجم ونوعية الجمهور: الذي تتعامل معه المنظمة، فكلما زاد عدد الجماهير المختلفة المرتبطة بالمنظمة كلما صار من المتوقع أن تتسع وظيفة العلاقات العامة، وتتنوع أقسامها بما يتفق مع رسالتها وأهدافها في التعامل مع الجمهور بمختلف فئاته

5- .مدى توافر الموارد والإمكانيات المالية للمنظمة: والتي تنعكس على وظيفة العلاقات العامة داخل المنظمة، وتعزيز مكانتها، فالعلاقات العامة عادة ما تكون أول ضحايا الاهتزاز المالي للمنظمة .ووفقاً لهذه العوامل يمكن تحديد مستوى إدارة العلاقات العامة في المنظمة وحجمها، فقد يقتصر نشاطها على شخص واحد مختص، أو عدة أشخاص يديرون شئونها، وقد يتسع ليشمل العديد من الأقسام والأفراد المتخصصين في هذا المجال .وعادة ما يتم تصميم هيكل التنظيم الداخلي للعلاقات العامة في أي مؤسسة وفقاً للأساليب التالية:التنظيم الاتصالي: يقوم على أساس الاتصال بفئات الجماهير النوعية التي تربطها علاقات معينة مع المنظمة مثل قسم الاتصال بالمتطوعين، قسم الاتصال بوسائل الإعلام، قسم الاتصال بالممولين ... وهكذا.التنظيم الوظيفي: يقوم على تقسيم أنشطة العلاقات العامة حسب نوعها (قسم البحوث، قسم التخطيط، قسم الصحافة، قسم الإنتاج ... وهكذا.

التنظيم الوظيفي الاتصالي: يجمع بين الأسلوبين، فيتم توزيع العمل على أقسام تختص بالوظائف وأقسام أخرى تتفرغ للاتصال بفئات الجمهور.

ويجب إعادة النظر في الهيكل التنظيمي للعلاقات العامة من وقت لآخر، للتأكد من مدى صلاحيتها، واستمرار ملاءمتها للمنظمة، وذلك في ضوء المستجدات التي تطرأ على المنظمة سواءً في داخلها أم في بيئتها الخارجية .

العلاقات العامة والصورة الذهنية:

يمكن اعتبار العلاقات العامة حلقة الوصل الحيوية التي تصل بين المنظمة والمجتمع، فالعلاقات العامة في جوهرها نشاط اتصالي، يهدف إلى كسب ثقة الجمهور وتأييده لأهداف وسياسات المنظمة، وإبراز صورة إيجابية للمنظمة أمام جمهورها والمجتمع المحيط بها.

أن نجاح الشركات والمؤسسات والمنظمات في العصر الحاضر مرتبط بقدرتها على الاتصال بالجماهير، وتشكيل صورة ذهنية إيجابية لنفسها، وتحسين سمعتها، والتأثير على الرأي العام.

ومن هنا تبرز أهمية "الصورة الذهنية" التي يحملها الجمهور تجاه المنظمة، حيث تعكس "هوية المؤسسة" كما يراها الجمهور، وينبغي الإشارة هنا إلى الفرق بين المفهومين، فمصطلح الهوية او شخصية المؤسسة : يشير إلى ما تحاول المؤسسة نشره والتعبير عنه - سواءً أكان بقصد أم بدون قصد - عبر طرق وأساليب متعددة يتم من خلالها التعبير عن هوية المؤسسة .

بينما "الصورة الذهنية" تعكس الطريقة التي يرى بها الجمهور المنظمة، فهي التصور الذي يدركه الفرد، وتتواجد فقط داخل ذهن متلقيها.

ان مفهوم "الصورة الذهنية كما يراها المؤلف هي الناتج النهائي للانطباعات الذاتية التي تتكون عند الأفراد أو الجماعات إزاء شخص معين، أو نظام ما، أو شعب، أو جنس بعينه، أو منشأة، أو مؤسسة، أو منظمة محلية، أو دولية، أو مهنة معينة، أو أي شيء آخر يمكن أن يكون له تأثير في حياة الإنسان، وتتكون هذه الانطباعات من خلال التجارب المباشرة وغير المباشرة، وترتبط هذه التجارب بعواطف الأفراد واتجاهاتهم وعقائدهم.

وبغض النظر عن صحة أو عدم صحة المعلومات التي تتضمنها خلاصة هذه التجارب، فهي تمثل بالنسبة لأصحابها واقعاً صادقاً ينظرون من خلاله إلى ما حولهم ويفهمونه أو يقدرونه على أساسها

وهذه الانطباعات التي يحملها الأفراد، إما أن تكون :

سلبية (معارضة): نسعى للتأثير عليها بأساليب مختلفة لتغييرها.

إيجابية (مؤيدة): نسعى لتعزيزها والحفاظ على استمراريتها .

محايدة (ما بين مؤيد ومعارض): سهلة التأثير.

ويمكن تصنيف الصور الذهنية التي يحملها الجمهور تجاه المنظمة إلى الأنواع التالي:

صورة المرآة: هي الصورة التي ترى المنظمة أنها الصورة التي يحملها الجمهور تجاهها، وترى نفسها من خلالها. وهذه الصورة يمكن أن تكون مختلفة تماماً عما يعتقده المسئولون في المنظمة وذلك بسبب ضعف المعرفة في اتجاهات الجمهور نحو المنظمة.

الصورة الحالية: وهي الصورة التي يحملها الجمهور تجاه المنظمة، والتي يمكن أن تكون مبنية على الخبرة والمعرفة الجيدة للمنظمة، أو يمكن أن ترتكز على معلومات مشوهة أو بيانات قليلة وغير صحيحة عن المنظمة.

الصورة المرتجاة (المرغوبة): هي الصورة التي ترغب المنظمة أن تكونها في نفسها في أذهان الجماهير، وهي غالباً ما تكون انطباعات جديدة غير معروفة للجمهور، وتسعى المنظمة لتكوينها

الصورة المثالية: هي أمثل صورة يمكن أن يحملها الجمهور تجاه المنظمة، مع الأخذ في الاعتبار المنافسة بين المنظمات المختلفة والتي تسعى للتأثير على الجماهير.

الصورة المتعددة: تتكون عندما يتعرض الجمهور لنموذجين مختلفين للمنظمة يعطي كـل مـنهما انطباعـاً مختلفاً عنها، ومن الطبيعي ألا يستمر هذا التباين في الانطباعات، فإما أن يتحول إلى صورة إيجابية أو إلى صورة إيجابية، أو أن تجمع بين الجانبين في صورة موحدة تضم العناصر الإيجابية والسلبية تبعاً لشدة تـأثير كل منهما على أفراد الجمهور.

أهمية الصورة الذهنية للمنظمات:

يشكل التمويل والتسويق أهم العوامل المؤثرة على نجاح المنظمات في أداء رسالتها، ومدى قدرتها على البقاء والنمو، فالمنظمات المدنية ستظل عاجزة عن تحقيق رسالتها وأهدافها لخدمة المجتمع عندما لا يتواجد الدعم والتمويل اللازم لأنشطتها، وإذا لم تتمكن من جذب أفراد المجتمع وتسويق منتجاتها أو خدماتها أو أنشطتها وبرامجها .

وفي ظل تنافس المنظمات على جذب الجماهير المسـتهدفة، وكسب ثقتهم ودعمهم، يـأتي دور العلاقات العامة، حيث تمثل الجهود الاتصالية المستمرة لكسب ثقة وتأييد فئات الجماهير المختلفـة، وبنـاء صورة ذهنية إيجابية في أذهانهم عن المنظمة تدفعهم لدعمها مادياً ومعنوياً.

ولا يمكن لأي منظمة أن تتنازل عن صورتها الذهنية لدى جمهورها، والسعي لبناء سـمعة طيبـة لها، فإن أهملت المنظمة ذلك فسيبني الجمهور انطباعه تجاه المنظمة على ما يسمعه من مصادر أخرى.

أهداف المؤسسة في بناء الصوره الذهنية الإيجابية

1. زيادة ثقة الجماهير المختلفة بالمؤسسه.

2. جذب مصادر التمويل لدعم المؤسسه، وزيادة تمويل برامجها وأنشطتها.

3. تساعد على استقطاب المهارات البشرية للتطوع في أنشطة المؤسسة.

4 - تولد الشعور بالثقة وبالانتماء للمؤسسة في نفوس العاملين فيها.

5 - زيادة اهتمام قادة الرأي ووسائل الإعلام بالمؤسسة ودورها في خدمة المجتمع.

ومن هنا زادت حاجة المؤسسات لاستخدام كل الوسائل والاساليب الاتصالية الناجمة وفي مقدمتها استخدامات شبكة الإنترنت في مجال العلاقات العامة حيث

تعد شبكة الإنترنت Internet" من أهم منتجات تطور تكنولوجيا المعلومات في هذا العصر والذي تطورت فيه تكنولوجيا المعلومات بشكل سريع جداً، ليس في مجال الكمبيوتر فقط، وإنما في مجال الاتصالات على وجه العموم حيث أتاح هذا التطور إمكانية التقاء تكنولوجيات مختلفة معاً، فيما يعرف بانصهار أو اندماج أكثر من تكنولوجيا معاً، لتكون منتجاً جديداً مختلفاً يحمل صفات كل تكنولوجيا على حدة، إلاّ أنه يكون متفرداً تماماً في صفاته وقدراته التكنولوجية.

وبالتالي أصبحت تكنولوجيا المعلومات ذات تأثير متزايد على مختلف جوانب الحياة اليومية للأفراد والشركات والمؤسسات والحكومات، فقد تأثرت وسائل الاتصال ومصادر الحصول على المعلومات وحركة البيع والشراء، ووسائل التسلية، وطريقة إنجاز العمل، وظهور ما بات يعرف بالحكومة الإلكترونية، والأهم من ذلك تأثر طريقة الاتصال، التي تعد جوهر نشاط العلاقات العامة، فقد أصبحت تكنولوجيا المعلومات بمختلف منتجاتها شديدة التأثير على طبيعة النشاط الاتصالي في العلاقات العامة ويتجلى هذا التأثير في وسائل الاتصال، وهوية جمهور المنظمة، وسرعة الاتصال وأساليبه، وشكل الرسالة ومضمونها، ورجع الصدى، وكيفية تصنيف المعلومات وإدارتها

ويتجلى بوضوح تأثير تكنولوجيا المعلومات في العلاقات العامة عند الحديث عن أبرز تطبيقات هذه التكنولوجيا وهي "الإنترنت ."فإمكانيات شبكة الإنترنت على إتاحة البيانات والمعلومات كبيرة جداً، بالإضافة إلى سهولة الاتصال عبر هذه الشبكة بأقل التكاليف وبأسرع وقت ممكن، حيث وفرت الإنترنت أدوات وتقنيات الاتصال التي أصبحت في متناول الجميع طالما توافر جهاز الكمبيوتر.

فيستطيع أي فرد أو أى منظمة إنشاء موقع على شبكة الإنترنت، واستخدام البريد الإلكتروني والرسائل الفورية وتنزيل الصور ولقطات الفيديو، ومناقشة الأخبار اليومية من خلال المجموعات الإخبارية، والاتصال بالأفراد والمنظمات والمؤسسات الحكومية على مستوى العالم .والإنترنت ببساطة هي شبكة من أجهزة الكمبيوتر المتصلة، كل منها متصل بمجموعة أخرى وتعرف بشبكة الويب العالمية "World Wide Web".

أبرز استخدامات العلاقات العامة للإنترنت:

تستطيع المنظمات توظيف خدمات شبكة الإنترنت في مجال العلاقات العامة، ويمكن عرض أهم هذه الاستخدامات في الآتي :

1- تصميم موقع المنظمة الإلكتروني على شبكة الإنترنت العالمية، بحيث يمثل أداة جوهرية وحيوية للاتصال بجمهور المؤسسة والعالم الخارجي بشكل عام، ويعكس صورة حسنة للمؤسسة، على أن يتم مراعاة الجوانب الفنية عند تصميم الموقع، ونشر كل المعلومات عن المنظمة وأنشطتها المختلفة وتحديثه باستمرار.

2- استخدام قواعد البيانات على الشبكة في الحصول على المعلومات والبيانات والأخبار، ومعرفة كل جديد في شتى المجالات، والاستفادة منها في إعداد نشرات ومطويات ومطبوعات المنظمة بشكل عام.

3- استخدام البريد الإلكتروني"Electronic Mail"، أو ما يعرف اختصارا "E-Mail" ، واستخدام هذه الخدمة كوسيلة اتصال شخصي داخلياً بين أعضاء المؤسسة، واتصال إدارة المؤسسة بالجمهور الخارجي المستهدف.

4- إجراء البحوث على شبكة الإنترنت من خلال المقابلات عبر الشبكة،ومن خلال البريد الإلكتروني والتصويت في موقع المؤسسة، ومجموعات الحوار في المنتديات، وعبر التخاطب المكتوب "الدردشة Chat "والاتصال التليفوني عبر الإنترنت بأقل التكاليف.

5- التعرف على صورة المؤسسة من خلال ما ينشر عنها من قبل وسائل الإعلام والمنافسين والمستخدمين وغيرهم في شبكة الإنترنت.

6- تصفح المواقع المختلفة للمؤسسات ومراكز الأبحاث والمعاهد والجامعات والتعرف على أنشطة هذه المؤسسات، والاستفادة منها، وتبادل الخبرات معها.

7- الاستفادة من خدمة نقل الملفات في الشبكة للحصول على المعلومات والبيانات والصور، ونقلها أو تحميلها على أجهزة الكمبيوتر الخاصة بالمؤسسة.وربما تكون هذه ابرز وأهم الخدمات التي يمكن ان يستفيد منها العاملين في العلاقات العامة في المؤسسات، وهذه الخدمات في زيادة حتما، كلما تطورت تكنولوجيا المعلومات.

8- ان استفادة ممارسي العلاقات العامة من شبكة الإنترنت أصبح مرتبطاً بزيادة مستخدمي الإنترنت، وبمدى قدرة العاملين في مجال العلاقات العامة على التعامل مع شبكة الإنترنت واستخدام التقنيات الحديثة في هذا المجال .

رؤية حديثة في ممارسة العلاقات العامة

لم يعد الإعلام في عصر الفضائيات والشبكات المعلوماتية كما كان حاملاً محايداً لمضمون ثقافي، بل هو محور الصناعات الثقافية وأساس الاستراتيجيات المعرفية ومرتكز العلم.

وقد بدأت العلاقات العامة بمفهومها الحديث في خدمة مجال الاقتصاد والمال حيث يجمع علماء الاتصال والعلاقات العامة على أن الأب المؤسس للعلاقات العامة هو الصحفي الأمريكي إيفي لي Ivy Lee، الذي كان يشتغل صحفيا بمكتب الصحافة التابع للجنة الوطنية الديموقراطية بالولايات المتحدة الأمريكية، وما دعى ايفي لي للاهتمام بموضوع العلاقات العامة هو عدم رضاه عن طبيعة العلاقات السائدة بين أرباب العمل والعمال، لاسيما مع الأزمة الاقتصادية التي شهدها العالم مع مطالع القرن العشرين، بالخصوص أزمة 1907، وأزمة 1929، إذ تأثرت الطبقة العاملة، وانحدر المستوى المعيشي لها، وسرح الكثير من العمال من عملهم، مما أدى إلى نمو جو السخط والغضب الشعبي من ممارسات أرباب العمل الذين ظهروا بمظهر المستغل، وترسخت الصورة السلبية أنداك لرجال الصناعة في أذهان الجماهير، وارتبطت صورة رب العمل بصورة الوحش البشع المستغل.

ومع التطور الكبير الذي شهده العالم مع نهايات القرن الماضي وبدايات القرن الحالي لاسيما مع التطور التكنولوجي في مجال الإعلام والاتصال، وبروز مجتمع معلوماتي قائم على أساس التداول الحر للمعلومات ،وانحسار سلطة الدولة القومية والمؤسسات المحلية، وظهور مجتمع عالمي مفتوح يتجاوز حدود الجغرافيا برزت بذلك مؤسسات حديثة تعتمد بشكل رئيس على تكنولوجيا المعلومات، وحسب الكثير من الباحثين وعلماء الاتصال أمثال: أوما Ohmae 1995 , دروكر Drucker 1995، لارامي Laramée 1997 فإن مجتمعاتنا دخلت في قطيعة مع التاريخ، فظهرت رهانات جديدة غيرت بعمق المؤسسات البشرية. وحتى تضمن هذه المؤسسات حياتها وتستمر يستوجب

عليها التكيف مع الثورة المعلوماتية التي تمس بشكل مباشر جوانب حياة المجتمعات المعاصرة .

فالمؤسسات التقليدية وجدت نفسها في سياق العولمة الاقتصادية، التي لا تعترف بالحدود القومية والمحلية، والموظفون في المؤسسات بعد أن كانوا مجرد مستقبلين سلبيين للمعلومات أصبحوا متلقين فاعلين، يلجأون بأنفسهم للمعلومات، بل أصبحوا شركاء في الوصول إلى المعلومات، إننا أمام شكل جديد لتسيير المؤسسات وإدارتها.

تعريف استراتيجيات العلاقات العامة وتطورها :

المقصود باستراتيجيات العلاقات العامة حسب كتاب Publicitor، هي مجموع القرارات الهامة والمستقلة عن بعضها التي تتخذها مؤسسة ما، بغرض تحقيق أهداف معنية، وذلك باستعمال وسائل اتصال وتقنيات متعددة.

إن تبني استراتيجية فعّالة مبنية على أساس برنامج علمي واضح وقابل للتحقيق هو أساس نجاح المؤسسة، التي تريد أن تنتهج سياسة اتصال شفافة مع جمهورها الداخلي أو الخارجي، حتى تكون لنفسها أو لمنتوجها وخدماتها صورة طيبة اتجاه الجماهير.

لذا نجد أن المؤسسة التي تؤمن بدور الاتصال والعلاقات العامة كوظيفة أساسية للتسيير الفعال تخصص مصلحة أو قسمًا خاصًا تطلق عليه عادة تسميات عدة، كمصلحة العلاقات العامة، قسم الاتصال، كما تكلف موظفا أو أكثر يقوم بمهام إعداد وتنفيذ برامج العلاقات العامة، وإعداد استراتيجية عمل لتنفيذ هذه البرامج، وذلك بهدف تكوين وبناء صورة حسنة، وعلاقات ثقة مع الجماهير التي تتعامل مع هذه المؤسسة، وتكون مهام هذا القائم بالعلاقات منصبة في خلق صورة طيبة عن المؤسسة لدى البيئة الخارجية، وكذا تعزيز تلك العلاقات الايجابية والحفاظ عليها، فهو يشغل دور الوسيط بين المؤسسة التي ينتمي إليها، وبين البيئة الخارجية الممثلة في الجمهور الداخلي والخارجي

للمؤسسة، فيعمل على إيجاد هوية خاصة بالمؤسسة، تميزها عـن المؤسسات الأخرى، ويروجها بصورة تمكنها من احتلال مكانة مميزة.

وحتى تنجح برامج العلاقات العامة التي يقوم بإعدادها هذا العدد المكلف وبالتنسيق مع إدارة المؤسسة يمكّن من استعمال وتوظيف مختلف التقنيات والوسائل لأداء مهامه.

خطوات بناء خطة استراتيجية للعلاقات العامة:

حتى تتمكن المؤسسة من تخطيط وإعداد تصورات فعالة للعلاقات العامة، و ضـع خـبراء التخصـص استبيان يحوي مجموعة من الأسئلة، و كل سؤال يعد محورا أساسيا من محاور خطة إعداد الاستراتيجية الفعالة :

1- ما هي الأهداف الحالية ؟

2- من الجمهور المستهدف؟

3- ما الانظمة المتأثرة والمؤثرة في المؤسسة؟

4- ما الوسائل والتقنيات التي يجب الاعتماد عليها؟

5- ما العوائق المحتملة بخصوص الميزانية، الوقت اللازم؟

6- ما النشاطات أو الخطوات العملية التي ينبغي إتباعها؟

7- ما مدى نجاح برنامج العلاقات العامة (تقييم)؟

عند البدء في بناء وإعداد استراتيجية للعلاقات العامة داخل مؤسسة اقتصادية لابد من إجراء عمليـة بحث واستكشاف عند كل خطوة من الخطوات السابقة، حتى نفهم بشكل أفضل مقتضيات كـل خطـوة، مستعينين في ذلك بالدراسات الاجتماعية والنفسية، علم التسويق من جهة لفهم طبيعة ونفسية الجمهور المستهدف من برامج العلاقات

العامة، ما رغباته ودوافعه؟ ومن جهة أخرى كي نفهم البيئة العامة المحيطة بالمؤسسة، على سبيل المثال،

ما توجهات ومواقف مختلف الجماهير اتجاه المؤسسة؟

الفصل الرابع

فاعلية العلاقات العامة
المنهج المنطقي
تنبأ الخبير " ألفين توفلر"
التكيف مع المتغيرات
واقع النظــام
مواكبة الاتجاهات والقضايا
التغير البيئي والضغوط
تنظيم المؤسسات
المرونة في النظم والمسارات
التغذية الراجعـة (رجع الصدى)
النظام المنفتح لـ كيبرنتيكس
الأنظمة المفتوحة العلاقات العامة والنظم المفتوحة
التكيف والتأقلم نموذج "ما بيل

فاعلية العلاقات العامة

إن المؤسسات تعيش في أوضاع متقلبة من جميع النواحي السياسية والاقتصادية، ومن أجل أن تحافظ على استمراريتها يجب أن تواكب هذه المتغيرات وأن تساير المتغيرات لا سيما الاقتصادية والسياسية العالميـة التي تحدث، كما يجب على هذه الشركات أن تواكب التطورات التكنولوجية من أجل استمرارها ومن أجـل مواكبة حاجات الزبائن المستمرة.

المنهج المنطقي:

تركز الاهتمام في العلاقات العامة بشكل أكثر فاعلية عبر التركيز على استخدام المنظور الاجتماعي منذ عام 1952، وقد تعرض لمفهوم البيئة في العلاقات العامة، كما تضمن العلاقة المفترضة بين علوم الحيـاة المختلفة، وتم اعتماد هذه المنطلقات من قبل الطلاب والمدرسين الذين يدرسون العلاقات العامة، كما تـم الاسترشاد به من قبل الكثير من المنظمات الإدارية. خصوصاً وأن العلاقات العامة تلعب دوراً أساسياً في مساعدة المنظمات على التكيف والتأقلم مع التغيرات في بيئاتها المختلفة.

ولا يخفى بأن كثير من المنظمات تعتمد على الأشياء الملموسة مثل (الأمـوال، والمـوظفين) ومـن أجل استمرارية الشركات وزيادة ربحيتها يجب عليها أن تعتني بموضوع العلاقات العامة والمتضمن اتفاق كثيراً من الأموال لتحقيق ما يلي: أولاً: امكانية التواصل بين الجمهور والشركة وبناء علاقات الود بين الاثنين، لأن كل من منهما يعتمد على الآخر، ثانياً: تلبية حاجات العملاء والزبائن المتنوعة والعمل عـلى كسـر الحواجز بينهما، ويجب علينا أن نلاحظ بأنه يجب تلبية جميع حاجات هؤلاء الزبائن على اختلافها، ثالثاً: تحقيق وتلبية حاجات المجتمع المحلي وتحقيق الاندماج والتكاتف بين المجتمع المحلي والمنظمات المتمثلـة في تقديم الخدمة للمجتمع، هذه الأمور الثلاث تعتبر المرتكزات الأساسية للعلاقات العامة في نجاح الإدارة.

أن للعلاقات العامة وظيفة متخصصة يقوم بها الموظفون المختصون، لذلك يجب أن نلاحظ بأنه يجب أن يكون هناك ممارسين وخبراء أكفاء يتولون مهام ومسؤوليات العلاقات العامة في المؤسسة، وباختصار يجب علينا أن نلاحظ بأن وظيفة العلاقات العامة الأساسية تتمثل في مساعدة المنظمات على التكيف مع بيئاتها المختلفة، والتعرف على الآراء والرغبات للمجتمع المحلي (العملاء) ومواكبة وتلبية هذه الاحتياجات لديهم، كما يجب على المنظمات أن تأخذ بالحسبان التطورات السياسية والتحولات الثقافية والتطورات التكنولوجية، كما يجب أن لا تنسى متطلبات البيئة المحلية.

إن هذه العوامل البيئية المختلفة يجب التركيز عليها من قبل المنظمات وأخذها بعين الاعتبار، كما يجب على هذه المنظمات وضع استراتيجيات للتغيير التنظيمي من أجل مواكبة التغيرات المستمرة.

تنبأ الخبير ألفين توفلر

لقد تنبأ الخبير " ألفين توفلر" قبل وقت ليس بالقليل بحدوث كثير من المتغيرات ومن أكثر هذه المتغيرات التي تنبأ بها التطورات التكنولوجية المذهلة التي حصلت في هذه الألفية وقد أطلق عليها " عصر المعلوماتية"، وقد توقع بأمور أخرى قائلاً بأن هناك كثير من المتغيرات ستحدث مثل " التغير في أنماط الأسرة، والتغير في طرق العمل والعيش، والتغير في الاقتصاد، والصراعات السياسية، وثورات المعلومات والاتصالات.

كما يجب أن لا ننسى بأن هناك جملة من النتائج تتركها هذه التطورات على المجتمع، فكثير من الآثار الاجتماعية سوف تترتب على التطور في أنظمة الاتصالات والانترنت، وفي خضم ذلك يجب أن لا ننسى مقولة العالم الشهير فريدريك ويليامز، ألا وهي: " هناك كثير من المعلومات تكون غائبة عن الإنسان، ولا تحتاج إلى رؤوس أصابعهم من أجل التعرف على هذه المعلومات"، ومن هذا المنطلق تنبع أهمية العلاقات العامة التي تقوم بدورها برصد التغيرات التي تحدث في هذه المؤسسة أو تلك من أجل المساعدة في تفسيرها للإدارة، وهنا يأتي دور مسؤول العلاقات العامة في المؤسسة في عملية مواكبة

التطورات التي تحدث، كما يجب عليه أن يكون ذو آفق ويقدر الأمور، أي أن يكون قـادراً عـلى التعرف على ما سيحدث في المستقبل وأن تكون القرارات التي يتخـذها مبنيـة عـلى تنبـؤ لمـا ستؤول إليـه الأمور في المرحلة القادمة، كما يجب عليه استباق الأحـداث وعمـل الخطـط مـن أجـل التكيـف مـع هـذه المتغيرات حال حدوثها. فكثير من المتغيرات يجب أن لا يتجاهلها فهنـاك تغـيرات في القـوى العاملـة يجـب التعامل معها ودرساتها كما أن هناك تغيرات في أوضاع المنظمة التنظيمية. لهـذا كلـه يجـب عـلى مسـؤول العلاقات العامة المواكبة والتأقلم مع هذه المغيرات، لأن عـدم مواكبـة هـذه التغـيرات يعمـل عـلى الإضرار بالمنظمة وحسن سيرها.

التكيف مع المتغيرات:

يجب على الرؤساء في أية مؤسسة مناقشة الاتجاهات والتغيرات الرئيسية التي تحدث في البيئة التي تعمل بها المؤسسة مثل التغيرات السياسية والاقتصادية والاجتماعية، والعمل على التكيـف معهـا، لأن لها تأثير كبير على مستوى أداء المؤسسات أو المنظمات، كما يجب أن لا ننسى بأن المنظمة ربمـا غـير قـادرة على وضع استراتيجية تواكب هذه التغيرات إذا حصلت بشكل مفاجئ. من هذا المنطلق يأتي دور العلاقات العامة من أجل متابعـة وتحليـل اتجاهـات والمتغـيرات التـي تحـدث كـما يجـب أن لا ننسى دور (القـوى العاملة).

على سبيل المثال لا الحصر، كيف يمكن أن تؤثر " حركة حقوق الحيوان " عـلى قـدرة المنظمـة أو المؤسسة على إنجاز مهمتها ؟ ذكرت مجلة لوس أنجليس والتي مقرها في ولاية ماريلاند الأمريكية، أن عـلى الإنسان أن يتعامل مع الحيوانات بطريقة أخلاقية، فالمخلفات التـي تقـوم المـنظمات بوضـعها في الغابـات والأمـاكن البعيـدة أودت بحيـاة أكـثر 350.000 حيوانـاً، نتيجـة لرمـي مخلفـات مستحضرـات التجميـل والمختبرات الطبية، وقد أدى هذا الوضع إلى تفعيل كثير من المنظمات ومن أهمها منظمة (بيتا) مـن أجـل التغلب على هذه المشكلة ومحاولة إيجاد حلول لها.

كما أن هناك كثير من المهام على عاتق هذه المنظمة وكانت من أبرز الأمور التي تنادي بها هذه المنظمة هو وقف الاختبارات على الكائنات الحية مثل (الفـئران والارانـب)، وغيرهـا مـن الحيوانـات، وقـد أجبرت هذه المنظمة على إغلاق كثير من العيادات التي تستخدم الحيوانات كتجارب، وكثير مـن المختـبرات تم إغلاقها في ولاية تكساس نتيجة للضغوط التي قامت بها منظمة (بيتا) لحماية حقوق الحيوان.

وهذا القضية تم طرحها على الرأي العام وقد لاقت أصداءاً واسعة فكثير من الجمهور كـانوا مؤيـدين لهـذا التوجه، كما أن كثيرين من الناس يعتقدون بأن عملية قتل الحيوانات مثل الفئران واستخدامها في البحـوث ومستحضرات التجميل عملية غير قانونية وأيضاً غير أخلاقية.

واقع النظـام:

تطرح على الدوام كثير من النقاشات والتوجهـات الهادفـة إلى إحـداث التغيـير في أسـاليب عمـل العلاقات العامة وجعلها تواكب كثير من المتغيرات وقادرة على إيجاد حلول ناجعـة لها، فكثير من المفاهيم كـالتكيف والتـأقلم يـتم طرحهـا باسـتمرار. وتتمثـل وجهـة نظـر العلاقـات العامـة في توظيـف المفـاهيم والمقترحات واسقاطها على الواقـع العمـلي وجعـل النظريـات قابلـة للتطبيـق عـلى الواقـع المعـاش، فمـثلاً الجامعة هي نظام ولها خريجوها وتعمل على إنتاج جيل يواكب متطلبات البيئـات المختلفـة وكـذلك هـو الحال في المدارس الثانوية. ويجب أن نتذكر في خضم هذا السياق بأن منظمـة " اوكسـفام الدوليـة " وهـي واحدة من أبرز المنظمات وأنجحها التي تقوم بتطبيق هذا المفهوم.

مواكبة الاتجاهات والقضايا:

إن علم العلاقات العامة أشبه بربان سفينة، فمبدأ العلاقات العامة ينبهك عـلى أنـك يجب أن يكون لديك نظام رادار متطور من أجل الكشف عن الأمور والخفايـا التـي يمكـن أن تصيب السفينة، ومن أجل تفادي الكوارث الوشيكة التي يمكن أن تحدث، ومن

خلال غرفة القيادة أيضاً تستطيع أن تتحكم بحركة السفينة من خلال إبعادها عن الصخور التي يمكن أن تؤثر على حركتها وتعطلها، كما يجب على قبطان السفينة الحصول على الأجهـزة والمعـدات التـي تقوم على حماية السفينة وإبعادها عن الخطر الذي قد يحدق بها، وهذا النموذج يصلح لأغراض التطبيق في المنظمات، إذ يمكن تشبيه العلاقات العامة في المنظمة " بالرادار " الذي يمكن من خلالها تجنب الأخطار والقضايا الصعبة التي يمكن أن تواجهها المنظمة.

كما يجب على العلاقات العامة توقع المشكلات والقضايا التـي يمكن ان تواجـه المنظمـة قبـل حدوثها، بدلاً من الانتظار حتى فوات الأوان، كما يجب علينا أن نتعرف على كثير من الحالات التي مكنـت المسؤول الأعلى في المنظمة بالتنبؤ بالأخطار المحدقة بمنظمته وقام بالحفاظ على المنظمة التي يمتلكها وقد قام بتجنب الأخطار والمخاطر التي كان من المتوقع أن تصيبها.

إن قضية النظم الاجتماعيـة تعد الأساس في تأثيرها على المنظمة، لـذلك يجـب عـلى المنظمات التعرف على النظم الاجتماعيـة الجديـدة التـي يمكن أن تسود، ووضع الاسـتراتيجيات الكفيلة بـالتكيف والتأقلم مع هذه المتغيرات في حال حدوثها.

ويجب أن لا ننسى في خضم هذا الموضوع بان كثير من الحملات تقام من أجل تقديم الخدمات، فهناك كثير من الحملات قد يقوم بها الطلبة مـن أجل جمع مـثلاً أثمـان حواسيب، أو كثير مـن الطلاب يقومون بحملات من أجل توفير حاجات أساسية للمدارس أو الجامعات التـي يدرسـون بها لا سيما في الغرب، وهذا كله يؤثر على المنظمات فالمنظمات بحاجـة إلى كثير مـن الجهد والعمل مـن أجل تلبيـة احتياجات هؤلاء الجمهور بتوفير ما يحتاجونه من متطلبات.

كما يجب أن لا ننسى بأن هناك كثير من المنظمات المانحة التي تقدم المنح الكثيرة للمحتاجين، ويجب على المؤسسة أن تركز على هذا الطابع الإنساني وتضعه في مقدمة أولوياتها.

ومن أشهر هذه الحملات التي تمت وهي تزويد كثير من الجامعات في دول العالم الثالث بمجموعة من الحواسيب، وقد تم منح هذه الهبة، وقد ساهمت هذه الهبة بزيادة مهارات الطلبة الأساتذة والعاملين لهذه الجامعات وبالتالي إكسابهم مهارات جديدة.

كما تم تقديم كثير من المساعدات إلى السلطة الفلسطينية، ويتم منح هذه الهبات بناء على البرامج والمعطيات التي يتم تقديمها للمستفيد. من هذا المنطلق يجب علينا أن ننظر إلى العلاقات العامة من خلال منظور شامل ومتطور وهو عملية المساعدة والتنظيم لكثير من المجتمعات.

كما أن الكثير من جهود العلاقات العامة وصلت إلى أكثر من هذا فالحريق الذي حدث في مدينة ادنبرا ببريطانيا قامت كثير من الشركات بالمساعدة به، وهو بالتأكيد أمر غير مخطط له وهذا لا يمثل جزءاً من العلاقات العامة بتاتاً، إلا أنه تم المشاركة فيه من واجب تحمل المسؤولية حيث تم تنظيم حملات من أجل تقديم المساعدة ودعم المتضررين في هذا الحريق، لذلك يجب على المنظمات أن تكون قادرة ومستعدة للمساهمة، كما يجب عليها توقع الظروف المتغيرة التي يمكن أن تحدث وأن لا تتفاجأ بها.

من هذا المنطلق يجب على العلاقات العامة في المنظمة أن تقوم بالتكيف مع الواقع الاجتماعي، كما يجب عليها أن تكون قادرة على التعامل مع الأمور والمستجدات والقضايا في حال حدوثها وأن لا تتفاجأ بها، ومن هذا المنطلق أيضاً يجب على العلاقات العامة أن تضع وتبني استراتيجيات من أجل مواكبة التغيرات والتطورات التي تحدث في البيئة التي تعمل فيها.

التغير البيئي والضغوط:

وضع كثير من العلماء تعريف للبيئة ويمكن أن نتحدث عن أبرز هذه التعاريف وهو " التغييرات في المعلومات والطاقة والضغوطات المتوقع أن تحدث "، ومن هذه الضغوطات والتغيرات يمكن أن يكون هناك تغيرات عقلية في التفكير لدى كثير من الجماهير، وقد تأخذ أشكالاً عديدة تؤثر على الجمهور على مختلف طبقاتهم، فمثلاً " الأشخاص الأغنياء " يكونون مهتمين بالترف الزائد مثل الرسوم الاستشارية المدفوعة للشركات الاستشارية وسيارة " ليموزين فاخرة " ونفقات فندق فاخر ورحلات بالطائرة بالدرجة الممتازة.

إن كثير من هذه النفقات تؤثر بشكل أو بآخر على الجمعيات الخيرية، كما تؤثر على عمل المنظمات الخيرية. لأن هذه المنظمات أو الشركات تتأثر بالمصاريف الباهضة التي يقوم بإنفاقها أصحاب هذه المؤسسات.

كما يجب أن نلاحظ بأن المنظمات التي تقوم بمنح موظفيها رواتب عالية كما تقوم بدفع أموال خيالية للدعاية بوسائل الإعلام المختلفة تؤثر على الهبات والمنح التي تقدمها هذه المنظمات للجمعيات الخيرية. وهذا يضر بمهنة العلاقات العامة لأنها قائمة على عملية التواصل والتكاتف مع أبناء المجتمع المحلي الواحد.

كما يجب أن لا ننسى مساهمات كثير من المنظمات ضد انتشار الأسلحة النووية والحيلولة دون حدوث تسرب نووي في مياه البحار، وفي حال حدوث هذا التسرب فإنه يؤثر على مصانع التونا والأسماك المعلبة، وبالتالي سيؤدي إلى التأثير السلبي على أفراد المجتمع المحلي، من هذا يجب على المنظمة أن تساعد في وضع حلول لهذه المشاكل التي يمكن أن تحدث وبالتالي تبعد التأثير السلبي على أفراد المجتمع المحلي. كما يجب على المنظمة أن تكون قادرة على التكيف مع المتغيرات البيئية التي تحدث والعمل على إيجاد حلول ناجحة في حال حدوثها. كما يجب أن لا ننسى بأن هناك مهام دولية للمنظمة من أجل مواكبة التغيرات في البيئات الأخرى.

كما أن على المنظمة أن تكون قادرة على التعامل مع المستجدات والقضايا الدولية في حين حدوثها لأن ذلك سيؤثر بشكل أو بآخر على المنظمة، التي عليها أن تأخذ بعين الاعتبار المتغيرات السياسية والاقتصادية التي يمكن أن تحدث على المستوى العالمي(كما هو الحال مع الأزمة الاقتصادية الحالية والاحتباس الحراري وغيرها)، ويجب عليها أن تضع خطط واستراتيجيات تكون قادرة على النهوض بالمؤسسة ومحاولة التغلب على الأمور والقضايا في حال حدوثها، كما يجب عليها أن تتوقع هذه المتغيرات وأن لا تتفاجئ بها.

تنظيم المؤسسات:

يجب على " نظام التعايش " أن يأخذ بالحسبان التغيرات التي يمكن أن تحدث في البيئة والانتاج، والتعرف على هذه المتغيرات بشكل تام، وتتمثل مهام وجوهر هذه المؤسسة أو تلك في محاولة التكيف والتأقلم مع هذه المتغيرات التي يمكن أن تحدث. كما يجب أن نلاحظ بأن وظيفة العلاقات العامة محاولة إجراء التعديلات في الاستراتيجيات في حال حدوثها ومحاولة صقل مبادئها بما يتلائم مع أية مستجدات يمكن أن تحدث.

كما أن هناك عدة أمور يجب أن تأخذها المنظمة في عين الاعتبار عند محاولتها التكيف مع البيئة المحيطة بها، أبرزها:

1- محاولة التغلب على المنافسة الخارجية من الشركات المشابهة في تقديم الخدمة.

2- يجب أن تكون جميع أقسام المؤسسة منسجمة ومتكاتفة تعمل جنباً إلى جنب من أجل المصلحة العليا للمؤسسة.

3- يجب أن تكون جميع العمليات التي تقوم بها المؤسسة من أجل مواكبة التغيرات الخارجية معقولة وضمن الواقع.

4- يجب على المنظمة أن تنوع المهام التي تقوم بها من اجل تحقيق الأهداف التي تصبوا إلى تحقيقها.

ومن أجل ذلك كله، يجب على المنظمة التعرف على أية ظروف جديدة لتسيير أعمالها ومحاولة فتح أسواق أخرى، مع ملاحظة التغير في البيئة، لذلك يجب على المنظمة أن تعطي الأهمية المطلوبة لقسم العلاقات العامة من أجل القيام بمهامه على أكمل وجه.

المرونة في النظم والمسارات:

يجب على المؤسسة أن تكون على دراية تامة بامكانياتها، والتعرف على طاقاتها، فمثلاً عند دخول سوق معينة يجب أن تكون قادرة على التنافس أو بسط سيطرتها على هذا السوق، وهل يمكن اختراق هذا السوق أم لا، مع الانتباه إلى طبيعة النظام الاجتماعي السائد في هذا السوق، ومن هذا المنطلق تحدد المؤسسة أسلوب الفتح أو الإغلاق حسب ما تراه مناسباً.

ولذا يجب على المؤسسة أن تكون قادرة على التكييف مع التغيرات الخارجية التي يمكن أن تحدث، ومعرفة حجم قدرتها على الاقتحام والمنافسة في سوق معين في حال حدوث تغير في الظروف البيئية والأنظمة الاجتماعية، لا سيما وأن العادات والأعراف لدى مجتمع معين تختلف عنه لدى مجتمع آخر، وهذا الأمر يجب أن لا يخفى على المسؤولين في المنظمة.

إن حاجة المنظمة إلى دخول سوق معين، عليها قبل كل شيء التعرف على المتغيرات التي يمكن أن تحدث فمثلاً المجتمع في بريطانيا يختلف عنه في المجتمعات العربية فكثير من العادات والأعراف تختلف اختلافاً كلياً، لذلك يجب على المنظمة أن تكون قادرة على معرفة التغيرات التي يمكن أن تحدث وتكون قادرة على الحفاظ على الظروف البيئية المناسبة.

وإن التعرف على طبيعة البيئة الخارجيـة مهما كانت لا يعني عدم الدخول فيها بـل يجـب علـى المنظمة أن توسع اعمالها لتصل إلى كثير من الدول لا الانحسار في المجتمعات المحلية التي تقـوم بتقديم الخدمة لها، ولهذا يجب على هذه المنظمات محاولة التعرف على التغيرات التي تحدث في المحيط الـدولي على اختلاف بيئاتها ومحاولة التكيف والتأقلم معها، وذلك عـبر زيـادة التوسـع في المنظمة. مـع ملاحظة مسألة مهمة وهي أن متطلبات الشخص تختلف من بيئة إلى أخرى فمتطلبات الشخص الذي يعيش مثلاً في الكونغو تختلف عنه لدى طالب في الأردن مثلاً، فالطالب يحتاج إلى كوخ في الكونغو بيـنما الطالـب في الأردن بحاجة إلى بيت، وعند بناء الكوخ مثلاً يجب أن يأخذ بعين الاعتبار كثير من الأمور كنوعيـة الخشب المستخدم في عملية البناء وكذلك مراعاة الارتدادات التي يجب أخذها بالحسبان عنـد بنـاء الكـوخ، هذه الأمور والمعتقدات والتغيرات البيئية وكل التفاصيل الأخرى يجب مراعاتها فمتطلبات أشخاص يعيشـون في بيئة معينة تختلف عن متطلبات أفراد آخرين يعيشون في بيئة أخرى كما أسلفنا.

والنموذج أدناه يوضح ذلك:

التغذية الراجعـة (رجع الصدى)

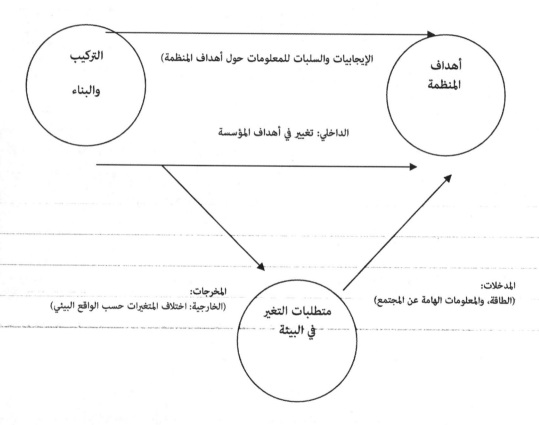

النظام المنفتح لـ " كيبرنتيكس"

يجب دراسة المدخلات والمخرجات للنظام الداخلي لدى المؤسسة، وقد قام " بوكملس " بإيجاد نموذج عرف بنموذج " كيبرنتيكس " وهذا موضح في الشكل التالي، فهذا النموذج يعتمد على خمسة أمور أساسية وهي الأهداف الأساسية للمنظمة ومخرجاتها الفعلية والتي تؤثر على الوضع العام للمنظمة وكذلك تؤثر على البيئة والتغذية الراجعة والتي تتأثر بالمخرجات وذلك المقارنة بين النظم الجديدة لتحقيق أهداف المنظمة والسيطرة على الأجزاء المركزية فيها وكذلك التصحيح في حال الحاجة والضرورة، والشكل الآتي يمثل نموذج (كيبرنتيكس).

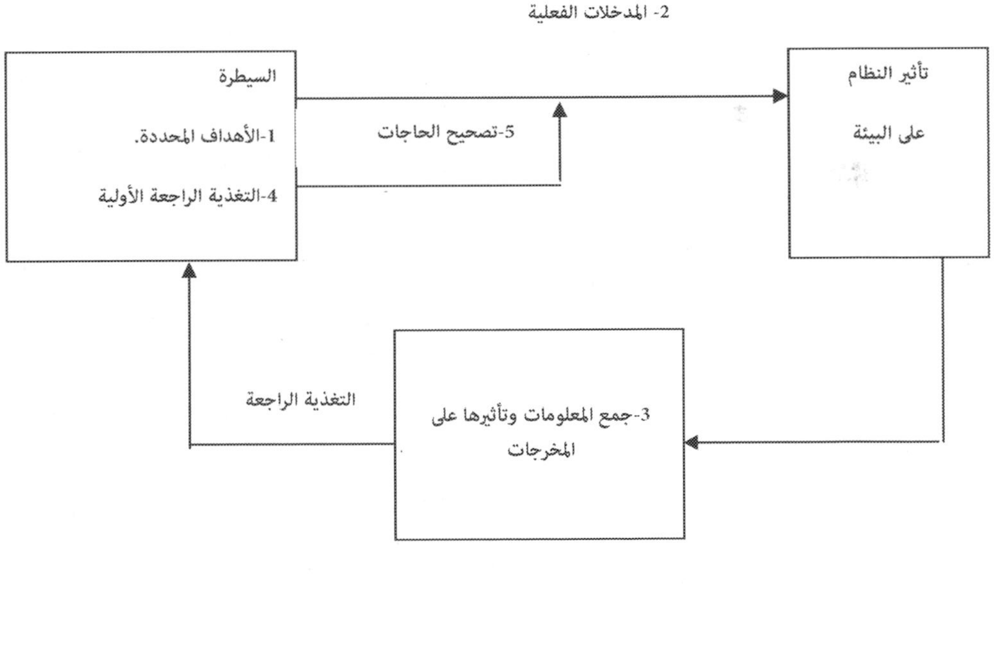

2- المدخلات الفعلية

أن نظام التحكم المعرفي كما هو معروف على متن مكوك الفضاء في الملاحة الجوية وكذلك في السفن، هو التعرف على الأخطار قبل حدوثها، وهو مؤشر أيضاً للتعرف على الأخطار المحتملة قبل وقوعها، وهذا ما يجب أن نعرفه بأن مهنة العلاقات العامة يجب عليها القيام بهذه المهمة في المنظمة.

فمثلاً أن في السفينة الشراعية يقوم الشخص بالإبحار بها عندما تكون السماء صافية وقطرات الندى متساقطة، وأن هناك " شراع " في هذه السفينة حيث لا يمكن السير بهذه السفينة الشراعية بدونه، فهو يشكل صمام أمان، ومحاولة انقاد السفينة في حال مفاجئتها برياح أو عواصف رعدية، فالشراع يعمل على زيادة السيطرة على السفينة، فهو صمام أمان يحفظها من الغرق.

كما يجب أن نلاحظ بأن كثيراً من الكائنات الحية (الرخويات) مثلاً تقوم بالتأقلم مع بيئتها، وتقوم هذه الكائنات بإفراز مادة معينة محاولةً منها للتغلب على الاختلافات في درجات الحرارة. ويمثل هذا النموذج السائد للثيرموستات الخاصة بضبط درجة الحرارة لدى الكائن الحي.

فالأمواج في السفينة الشراعية تشبه المتغيرات في البيئة، يجب التعامل معها من قبل المنظمة، كما أن التغير في درجة الحرارة لدى الكائنات (الرخوية) والثيرموستات المسيطرة على التغيرات الحرارية يشبه إلى حد كبير المتغيرات في البيئة لدى المنظمات، لذلك يجب أن تكون المنظمات قادرة على التأقلم مع التغيرات البيئية التي يمكن أن تحدث فيها.

إن الميكانيكية البسيطة الناتجة عن السفن الشراعية وكذلك الحيوانات (الرخوية) يجب أخذها بعين الاعتبار من قبل المنظمات فعليها أن تكون قادرة على مواجهة التهديدات التي يمكن أن تمر بها المنظمة وعليها أن تكون قادرة على إجراء تغييرات هيكلية تساعدها على التكيف مع الظروف البيئية الجديدة ومحاولة تجنب وتحييد مصادر الضغوط والتغييرات على المنظمة.

الأنظمة المفتوحة:

كما ذكرنا فإن المنظمات يجب أن تكون قادرة على التكيف والتأقلم مع البيئات المتغيرة باستمرار، وهذا ما نسميه الأنظمة المفتوحة وهي تشبه إلى حد كبير الكائنات الحية (الرخوية)، فإن هذا النظام المفتوح قادر على التفاعل مع الأحداث الخارجية ويقوم برصد المشاكل والمتغيرات من أجل محاولة التجنب في الوقوع بها، كما أن هذا النظام يتميز بمحاولة تنفيذ الإجراءات التصحيحية الهادفة إزاء التغييرات التي يمكن أن تحدث للحيلولة دون أن تصبح مشكلات كبيرة تؤثر على استمرارية المنظمة.

إن على المؤسسة إشراك العاملين لديها بكثير من الدورات المتخصصة من أجل التعرف عن كثب عن الأنظمة المفتوحة والأنظمة المغلقة، كما يجب على المنظمات تبني نهج معين في التخطيط للبرامج والدورات، من أجل تجنب الأخطاء والأخطار والحيلولة دون حدوثها.

كما يجب على المنظمة أن تضع خطط مستقبلية استباقية لمحاولة تجنب الأخطاء والأخطار التي يمكن أن تحدث، ومنها على سبيل المثال: يجب المطالبة بإيجاد تشريعات تفرض على المنظمات والشركات التي تنتج موادا سمية تؤثر على البيئة الخارجية ويكون من نتائجها على سبيل المثال الأمطار الحامضية، لذلك يجب اتخاذ اجراءات استباقية من اجل الحيلولة دون حدوث مثل هذه المشكلة عبر تلك الإجراءات الوقائية. وهذا ما قامت به شركة ميتبابوليس ومقرها الولايات المتحدة الامريكية بالنسبة لشركة اتنوي للطباعة من أجل الحد من التلوث والسيطرة عليه. وهذا ما نفتقده (للأسف الشديد) في عالمنا العربي حيث تحدث الاختراقات بشكل مستمر دون وجود رادع أو مانع له

العلاقات العامة والنظم المفتوحة:

رغم وجود تباين في وجهات النظر للمختصين في العلاقات العامة فالكثير مـنهم يركـزون عـلى أن النظم المغلقة تقوم على افتراضين أساسيين ألا وهما، الأول: أن الهـدف مـن العلاقـات العامـة هـو إحـداث تغيير في البيئة، ثانياً: المنظمات التي لديها القدرة على تغيير بيئتها لا تحتاج إلى إحـداث التغييـر الـداخلي فيها ".

التكيف والتأقلم نموذج " ما بيل ":

تعتبر شركة (مايكروسوفت) هي الرائدة في صناعة البرمجيات، فقد تم تقديم شكوى ضـد هـذه الشركة، في عام 1984، وكما نعلم بأن شركة مايكروسوفت تتكون من مجموعة من الشركات المندمجـة مـع بعضها البعض، وقد فرض على شركة التأمين (تي اند تي) بأن تقوم بدفع الخسـائر المترتبـة عـن وقـف شركة مايكروسوفت تقديم خدماتها إلى ملايين المشتركين، وقد قامت شركة (تي أند تي) بمحاولات كثيرة مـن أجـل التغلب على هذه المشكلة التي وقعت بها مما تتطلب منها بذل جهود وصفت بأنها خارقة.

كما يتم في النظام المغلق الاهتمام بالاتصالات لجعلـه أكـثر فعاليـة للانتـاج ولـيس لإجـراء تغيير داخل المنظمة، والمنظمات التي تعمل بالنظام المغلق تحاول الإبقاء على الوضع الراهن في إطار المـنظمات وتحاول توجيه الجهود من أجل التغيير في البيئة. أما في النظام المفتوح فإن العلاقـات العامـة في المـنظمات تحاول وضع استراتيجيات للتكيف والتأقلم مع بيئتها الحالية. إن المنظمة في كلا النهجين سـواء المفتـوح أو المغلق تقوم بالتركيز على الدور الأساسي والرئيسي للاتصالات، فكثير من العلاقات المتبادلة تعتمـد بالأسـاس على نقل المعلومات وهو مبدأ أساس لتحليل النظم الحديثة المعقدة، وإن تطبيق النظام المفتوح يكون مـن فوائده محاولة الاستشعار والتعرف على المتغيرات التي يمكن ان تحدث والتي تؤثر بـدورها عـلى العلاقـات التنظيمية بين الجماهير، لذلك يجب أن يكون هناك مجموعة من الإجراءات والتوجيهـات التـي تقـوم بهـا المنظمة من أجل التكييف مع

المستجدات، كما أن هذا النظام يعتمد على موقف الرأي العام (الجمهور) وآرائه في طبيعة هذه الخدمات التي تقوم بتقديمها.

لقد أصبحت الأنظمة المفتوحة ترتبط بالعلاقات العامة لما لديها من القدرات على الشروع بإجراءات تصحيحية داخل المنظمات للاستعداد لمواجهة الطوارئ. ومن خلال اعتماد الأسلوب المفتوح يمكن أن تصبح عملية التنبؤ بالقضايا والمشاكل التي يمكن أن تحدث أكثر واقعية، أي وضع إجراءات استباقية، كما أنه يمكن وضع إجراءات تصحيحية تكون أكثر فائدة لمنظمة.

وبالتالي، فإن المنظمات التي تستخدم الأنظمة المفتوحة في العلاقات العامة تستطيع تعديل وتكييف موظفيها ومجتمعها كما أنها تكون قادرة على التكيف مع التغييرات الاجتماعية والسياسية والاقتصادية وبيئات العمل. (الشكل التالي يوضح النموذج المفتوح في العلاقات العامة)

التغذية الراجعة

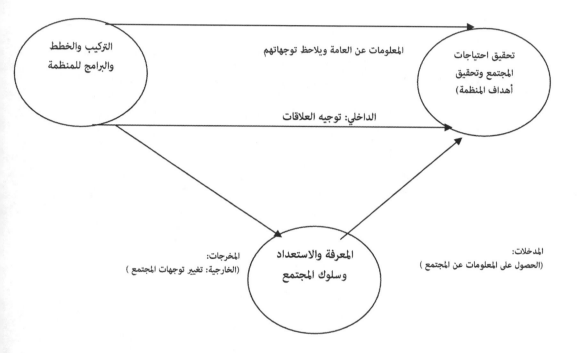

أن النظريـة أساسـية مـن أجـل الممارسـة العمليـة، لـذلك يجـب التعـرف علـى تلـك
النظريات ذات العلاقة ومحاولة إسقاطها على الواقع الفعلـي في الحيـاة، وهـذا مـا ينطبـق في
العلاقات العامة إذ يجب التعرف على النظريات وإسقاطها على الواقع الفعلي لدى المنظمات،
كـما أن المعرفة النظرية أيضاً تقودنا على التكيف والتأقلم مع الواقع الحقيقي لدى المنظمات،
وبالنسبة للعلاقات العامة فإنها تمثل العقل الذي يقوم على أساس من

التفكير، إذ تعد الغاية الأساسية للعلاقات العامة هي عملية التواصل بين المنظمات وأفراد المجتمع المحلي وفي كثير من الأحيان تتعداه إلى المجتمعات الأخرى.

كما يجب أن لا ننسى بأن العلاقات العامة مرتبطة بشكل أساسي مع علم الاجتماع، ففهم متطلبات التعلم والتعليم يقودنا على التعرف على احتياجات المجتمع المختلفة، لذلك فإن عملية التكيف والتكييف تعد أساساً في بناء المنظمات كما أن جودة نظام الاتصالات في المنظمة يعد أمراً أساسياً، كما أن العلاقات العامة تقوم أيضاً على المصلحة العامة لأفراد المجتمع، كما أنها تقوم على تلبية الاحتياجات المستمرة لدى أفراد المجتمع بكافة أطيافهم، وهذا ما حاول تفسيره الشكل السابق.

الفصل الخامس

ممارسة العلاقات العامة بعد احداث ايلول 2001

اهتمام جديد بالعلاقات العامة

جوهر العلاقات العامة

عمليات التخطيط وأثرها على الرأي العام

العلاقات العامة من منظور إداري

تفسير جديد لأهمية العلاقات العامة

دور العلاقات العامة في تفسير توجهات المجتمع

العلاقات العامة والجمهور

أصناف متمازجة للمجتمع (الجمهور)

المجتمع الأساسي والثانوي أو الهامشي

طريقة أخرى لتجزئة المجتمع أو الجمهور

وظائف نوعيه للعلاقات العامة

القوة الخبيثة

عناصر مهمة في نجاح العلاقات العامة

نحو فهم آخر لتعريف العلاقات العامة بعد احداث ايلول 2001 :

جاءت أحداث أيلول عام 2001، بعد الهجوم على مركز التجارة العالمية ومقر البنتاغون، كمتغير وحدث دولي ترك بصماته على العالم، وقد خرج كارين هيوز مستشار الرئيس الأمريكي جورج دبليو بوش حينها ليطمئن الشعب الأمركي بعد الصعقة التي تعرض لها. وأكد بأنه تم اتخاذ جميع الاحتياطات الأمنية من قبل مكتب التحقيقات الفيدرالية في واشنطن وقد تم نقل الرئيس الأمريكي في مكان آمن، وعندما وقع الاعتداء قام سلاح الجو بطلعات جوية استكشافية من أجل مراقبة الأجواء والإطمئنان. كما قال " مواطنينا وحريتنا تعرضت اليوم للإعتداء "، ويقدم الرئيس الأمريكي وجميع القادة في البلاد التحية لأبناء الشعب الذين يقدمون جهود الإغاثة والإنقاذ إلى أخوانهم، ونسأل أخواننا الأمريكيين بأن يقيموا الصلوات إلى الضحايا وأسرهم، وأن يحمى الله بلادنا ".

من هذا المنطلق، فإن مسؤول العلاقات العامة في البيت الأمريكي قام بالحديث عن الهجوم الذي كان أكثر مفاجئة على أفراد الشعب الأمريكي، ومن هذا المنطلق يتبين أهمية العلاقات العامة.

ولأسباب تتعلق بأهداف إدارة بوش عملت العلاقات العامة ومن داخل البيت الأبيض إلى تنفيذ تلك الأحداث الشريرة، وقفت مستشارة العلاقات العامة في البيت الأبيض " السيدة فيكتوريا كلارك " في ربيع عام 2003 وسط الساحة وأعلنت بأن الولايات المتحدة وبريطانيا والدول الحليفة لها ذاهبون إلى احتلال العراق.

اهتمام جديد بالعلاقات العامة:

شهدت العلاقات العامة اهتمام منقطع النظير في الفترات الاخيرة، لا سيما في العقود الثلاثة الماضية، بعد ما تنامى الدور الأساسي للعلاقات العامة في صناعة تقنية المعلومات.

في الولايات المتحدة الأمريكية يمارس مهنة العلاقات العامة أكثر من 200.000 شخص ويمارسون أعمال بمليارات الدولارات، علاوة على ذلك فإن مكتب العلاقات العامة في الولايات المتحدة الأمريكية يتوقع زيادة الطلب على مهن العلاقات العامة بعد عام 2010م، لذلك يجب الاهتمام بهذا الحقل ألا وهو العلاقات العامة ويجب بذل الجهد من أجل حفز الطلب على هذا التخصص. وإذا ما سلطنا الضوء على العالم بشكل عام فنلاحظ أن ممارسة العلاقات العامة ازداد بشكل كبير، وجمعية العلاقات العامة الدولية استقطبت كثير من الناس الذين يفتخرون بالانتساب إلى عضويتها، وحقل العلاقات العامة أخذ يزدهر لا سيما بأمريكا اللاتينية ثم بأفريقيا و وأوروبا والصين أيضاً.

وقبل عقد من الزمن في عام 1999 تم إجراء دراسة للتعرف على أنماط الانفاق على حقل العلاقات العامة في 500 شركة، ووجد بأن الإنفاق يختلف من شركة إلى أخرى ولاحظ بشكل عام أن هناك انفاق على حقل العلاقات العامة بصورة جيدة.

كما أن هناك أكثر من 250 من الكليات والجامعات في الولايات المتحدة متخصصة بتدريس فنون العلاقات العامة ضمن برامج متسلسلة، وإن هناك اقبال على تخصص العلاقات العامة من قبل الطلبة الأمريكيين ويلاحظ بأنه التخصص الثاني الذي يلقى إقبالاً بعض تخصص الصحافة.

يجب أن نلاحظ بأن الحكومة الأمريكية قامت بتوظيف أكثر من 2000 شخص من الذين يحملون تخصص العلاقات العامة في وزارة الدفاع والاتصالات والجيش والبحرية والقوات الجوية.

كما أن أكثر من 20 مؤسسة علاقات عامة في الولايات المتحدة تحقق أرباح أكثر من 2 بليون دولار في العام على شكل إيرادات سنوية، في حين أن حقل الصناعة يولد مليار دولار في كل سنة. ومعروف إن جمعيات العلاقات العامة في الولايات المتحدة الأمريكية تضم ما يقرب من 20000 شخص في عضويتها في 117 جمعية، كما أن هناك حوالي 13.500 شخص أعضاء في جمعيات العلاقات العامة في مختلف الدول في العالم.

وفي القرن الواحد والعشرين، أصبح هدف جميع المؤسسات الأول هو الربح، كما أن هناك كثير من الشركات تتصارع وتتنافس في هذا المضمار.

ويلاحظ أن هناك إقبال شديد على جمعيات العلاقات العامة في مختلف أنحاء العالم، ويتوقع من هذا الإقبال أن يزيد ويتكثف، فكثير من المنتسبين هم محامون ومسوقون ومديرون عامون، وإن دل هذا على شيء فإنه يدل على أهمية نوع الأعضاء الذي ينتسبون إلى جمعيات العلاقات العامة.

إن المبدأ السائد في ممارسات جمعيات العلاقات العامة هو " مجتمع ديمقراطي " أي الحرية في المناقشة واتخاذ القرارات، وهناك ايضاً صناديق الاقتراع، ويتم الاعتماد على آراء الأعضاء والمنتسبين في هذه الجمعيات وتمثل وجهة نظر المنتسبين في هذه الجمعيات نبض الحياة فيها وأحد أسباب وتمثل البقاء والمحافظة على استمراريتها والحيلولة دون تلاشيها.

جوهر العلاقات العامــة

يمكن تحديد العلاقات العامة بأنها هي عملية التخطيط من أجل التأثير على الرأي العام، عن طريق الأداء السليم، وباستخدام أساليب اتصالات مرضية للطرفين. كما يجب أن نلاحظ بأن هناك تعاريف أخرى للعلاقات العامة إلا أن التعريف الذي أوردناه هو التعريف الأشمل، ويوصف روبرت داليك العلاقات العامة بأنها (العلاقة الأخوية التي تربط مئات الالآلف من الأشخاص في مهنة العلاقات العامة).

وفي عام 1923 وصف ادوارد بارنيز وظيفة العلاقات العامة بأنه التخصص الوليد والمبتكر للجمهور . وقد لاقت اقبالاً منقطع النظير طيلة القرن الماضي باعتبارها المهنة التي توفر المعلومات إلى الجمهور، وتعتمد مهنة العلاقات العامة على مبدأ " الإقناع "، كما يجب أن لا ننسى بأن هناك اهتمام كبير برأي الجمهور الذي يجب أن يأخذ بشيء من الأهميـة.

عمليات التخطيط وأثرها على الرأي العام:

ما هي الاستراتيجيات والإجراءات التي تؤثر على الرأي العام ؟

البروفسور جون مارستون اقترح أربع خطوات ومهام من أجل التاثير على الرأي العام وهي أولاً البحث، ثانياً: التأثير ثالثاً: الاتصال ونقل المعلومات، رابعها: التقييم. وقد وضع البروفسور " جون مارستون " علاقة بين هذه الوظائف الأربعة عرفت بنموذج R-A-C-E.

أولاً: البحث: إذ يجب البحث عن الاتجاهات والقضايا التي تهم المجتمع.

ثانياً: التأثير: إذ يجب التعرف على الأمور التي تهم الشخص في المجتمع.

ثالثاً: الاتصال: فوسيلة الاتصال هي الأسلوب الفعال من أجل توجيه اهتمامات الفرد.

رابعاً: التقييم: التقييم يعد أمر مهم من أجل متابعة توجهات المجتمع ومحاولة التأثير عليها.

يعد هذا النموذج الأساس في عملية التخطيط لعمليات العلاقات العامة.

العلاقات العامة من منظور إداري:

هناك كثير من الشركات التي تعمل في حقل البترول في الولايات المتحدة وخصوصاً نيويورك لا يوجد لها اهتمام بالعلاقات العامة وليس لها قسم مؤهل يقوم بوظائف العلاقات العامة، كما أن هناك كثير من اندية كرة القدم في الولايات المتحدة لا يوجد لهم قسم متخصص في العلاقات العامة ويقولون بأنهم يفتخرون بذلك لانهم يقومون بعمل ذلك بأنفسهم.

فلنأخذ مثلاً شركة CEO والتي تقول " أنا لا احتاج إلى العلاقات العامة " " وهـذه وجهـة نظر مخادعة "، جميع المنظمات تحتاج إلى علاقات العامة " إن تأسيس علاقات عامة أمر عـديم الجـدوى "، إلا أنه في الحقيقة إن وجهة النظر هذه خاطئة، لذلك فإن العنصر البشري يحتاج إلى العلاقات العامة بشكل يومي كما أن جميع المنظمات بحاجـة ماسـة إلى العلاقات العامة. وقد فسـر أهميـة العلاقات العامـة للمنظمات بمجموعة من النقاط يمكن إجمالها بالآتي:

- هناك أهمية للعلاقات العامة في سياسات المنظمة وبرامجها وأساليبها العمليـة في التعامـل مع المجتمع.

- العلاقات العامة توصل اتجاهات وتوجهـات المجتمع للإدارة مثلما تنقل وجهـات الإدارة للمجتمع.

إن العلاقات العامة تعد ذات أهميـة فمن خلالها يتم التعرف على اهتمامات الجمهـور، وطريقـة تفكيرهم، ومن خلال ذلك يمكن أن تكون الادارة قادرة على التعـرف عـلى التوجهـات المسـتقبلية المختلفـة لأفراد المجتمع.

دور العلاقات العامة في تفسير توجهات المجتمع:

يمكن من خلال العلاقات العامة التعرف على توجهات وطرق تفكير الجمهور، ونقـل هـذا التوجـه إلى الإدارة، ويمكننا التعرف على كثير من الحالات في التـاريخ التـي تؤكـد عـلى أهميـة العلاقـات العامـة في تفسير توجهات المجتمع، ويمكن إيجازها بالآتي:

- في عام 1960، شركة جنرال موتورز قد تعرفت على توجهات وانطباعات المستهلكين عـلى السـلعة التي انتجتها وهي تدعى " ريلف نادير". ووصفت بأنها خطرة وسريعة. مما جعلهـا تـتخلى عـن هذه السلعة وفي حال طرح هذه السلعة كان سيكلف الشركة مبالغ باهضة.
- في حقبة الثمانينيات، تم انتخاب رونالد ريغن رئيساً للولايات المتحدة الأمريكية مـن قبـل أفـراد الجمهـور الأمـريكي، وقـد قـاد أمريكـا في حقبـة مهمـة. وفي عـام 1990 نجـح جـورج بـوش في الانتخابات وقد أقلق الشعوب، وقد قاد أمريكيا في عدوانها على العراق، وقد حذر الرئيس بـوش من " أن الاقتصاد سوف يتوقف "، وعند اختيار الرئيس بيل كلينتون فقد تم تدارك الوضع.

إن فهم العلاقات العامة أمر ضروري جداً (للأفرد، والمنظمات، والحكومات)، لذلك يجـب التعـرف على فلسفة العلاقات العامة، كما يجب على المنظمات التعرف عـلى آراء الجمهـور وممارسـاتهم مـن أجـل وضع بناء خطط أستراتيجية تعمل على تلبية احتياجاتهم المستقبلية.

العلاقـات العامـة والجمهور:

يجب أن يكون هناك تواصل بين الجمهور والمنظمات، والتعرف على متطلبات الجمهور المختلفة فكثير من الجمهور لديهم احتياجات ومتطلبات خاصة بهم، إذ تتطلب أنواع مختلفة من الاتصالات. لـذلك يجب التوفيق بين الخدمات التي تقدمها المنظمات واحتياجات الجمهور المتزايدة.

أن التطورات التكنولوجية مثل الأقمار الصناعية والتلفزيون والانترنت والكمبيوتر أدت إلى زيادة التواصل بين المنظمات والجمهور، وكثير من المنظمات أصبحت على درايـة كاملة بما يحتاجه الجمهور. كـما يجب أن لا ننسى بأن الرؤساء يجب عليهم أن يتعاملوا مع مرؤوسيهم بأسلوب جيـد ويقومـون بتحفيـزهم على العمل والإنتاج.

شركات متعددة الجنسيات
العاملين بوظيفة كتاب
عائلات العاملين
المشرفين والمدراء
الصحافة
حملة الأسهم
المستثمرين
المضاربين والمنافسين
الجيران
المجتمع العالمي
البنوك، وشركات التأمين
الجمعيات التجاريـة
الباعة والموزعين
الزبائن
الخبراء والمنظمين
المجتمع الأكاديمي
اتحاد العمال
المدير الخارجي

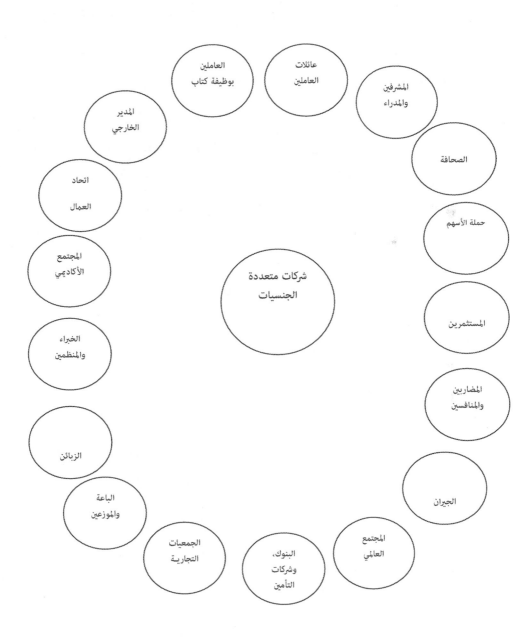

هناك عدة أصناف متمازجة للمجتمع (الجمهور) يمكن تصنيفها بالآتي:

المجتمع الداخلي والخارجي: يتمثل المجتمع الداخلي في المشرفين والكتاب والمدراء وحملة الأسهم والمدراء الخارجيين. أما بالنسبة للمجتمع الخارجي فيتألف مـن وسائل الإعلام والحكومات والمتعلمـين والمستهلكين.

المجتمع الأساسي والثانوي أو الهامشي:

المجتمع الأساسي وهو المجتمع والذي يهم المؤسسة أما المجتمع الثانوي وهو المجتمع أقـل أهمية من المجتمع الأساسي ويمكن ان نقول بأنه هامشي ـ وهنـاك المجتمع التقليـدي والمستقبلي: إذ أن المستخدمين والزبائن يعـدوا مـن العمـلاء التقليـديين، أما بالنسبة للطلبـة والزبائن المحتملـين يـدعو بالمستقبليين، كما أن هناك الخصماء والمفترضين: فمن المحتمل أن يقومـوا كثير مـن الزبائن الـذين ليسوا عملاء لدى المنظمة يمكن أن يغيروا وجهة نظرهم ويكونوا عملاء لدى المنظمة.

وهناك طريقة أخرى لتجزئة المجتمع أو الجمهور إذ يمكن تقسيمهم على النحو الآتي:

1- الأشخاص الذين لديهم قدر وافر من الثروة والسلطة.
2- الأشخاص الذين لديهم موارد مالية مثل المهنيين والمتخصصين والمتقاعدين.
3- عديمي الأموال والذين ليس لديهم موارد مالية.
4- المرتزقون في مهن متعددة وهم الأشخاص الذين لديهم مهن ويرتزقون منها.
5- الأشخاص المهاجرين.
6- الأشخاص الذين يكتنزون الأموال ولديهم موارد مالية عالية.
7- أصحاب المهن الحرفية والذين لديهم موارد منخفضة.
8- المكافحون والمتعثرون ذوي الموارد المالية القليلة.

ويلاحظ هنا بأنه يجب تطبيق هذا المبدأ وهو مبدأ تصنيف الجمهور أو توصيفه مـن خـلال المقـدرة على العيش، وهذا يسهل الأمر لدى المنظمـة ممـا يجعلهـا قـادرة على التعـرف على القـرارات التـي يجب أن تتخذها كما أنها عن طريق هذا التصنيف تكون قادرة على استهداف الجمهور الذي تريد الوصول إليه.

لذلك يجب وضع نموذج مختار يتم اختيـاره مـن قبـل المنظمـة ومـن خـلال الجماهيـر، فعـن طريـق التعرف على الفئة المستهدفة يمكن للمنظمة التعامل معهم والتعرف على متطلبـاتهم واحتياجـاتهم وبالتـالي تقديم الخدمات التي تراها مناسبة لكل صنف منهم، كما يمكن للمنظمة أن تختار الصنف المطلوب مـن الجمهور المستهدف.

وظائف نوعية للعلاقات العامة

هناك فرق جوهري بين مهـام العلاقـات العامـة ومهـام التسـويق والإعـلان. التسـويق والدعايـة أهدافها ترويج المنتج أو الخدمة. أما بالنسبة لوظيفة العلاقات العامة فإنها تعزز وتكمل وظائف المنظمة.

إن المهام المرتبطة بالعلاقات العامة عديدة. من بينها ما يلي:

- الكتابة: وهي مهارة أساسية للعلاقات العامة.

- العلاقات الإعلامية: إذ يجب التعامل مع الصحافة والتعرف على آراء الشارع.

- التخطيط: وتعتبر وظيفة التخطيط من المهام الأساسية للمدير.

- تقديم النصح والمشورة: إذ تقوم العلاقات العامة على التعرف على آراء الجمهور نحو المنظمة.

- البحث: إذ أن مهمة العلاقات العامة هو التعرف على العوامل التي تؤثر على سلوك المستهلك.

- التسويق والاتصال: إذ من خلالها يتم التعرف على متطلبات الجمهور المختلفة.

- العلاقات مع المستهلك: وتتمثل في التعرف على متطلبات واحتياجات المستهلكين.
- العلاقات مع العاملين: أي العلاقة مع المجتمع الداخلي مثل العاملين والمدراء في الشركة.
- اتجاهات الحكومة: من خلال الهيئات والأعضاء المحليين والتعرف على أوضاع البلاد.
- العلاقات مع المستثمرين: من خلال إسداء النصح لحملة الأسهم وكبار رجال الأعمال.
- علاقات عامة خاصة: من خلال توجيه الطلبة نحو سلم التخرج وإرشاد النساء لا سيما الآسيويات والأفريقيات.
- الشؤون العامة والمسائل الإدارية، من خلال التعرف على القضايا الأساسية التي تتعلق بالمنظمة.
- تطوير موقع على شبكة الإنترنت: من أجل إيجاز صفة التميز لدى المؤسسة، كما يجب على هذا الموقع أن يعمل على زيادة التواصل بين طبقات الجمهور المختلفة، ومن أجل الاستجابة والتعرف على المتطلبات المتزايدة لدى الجمهور.

وتعد هذه الأمور أموراً جزئية للعلاقات العامة إلا أنها مهمة، ويمكن أن يقوم بها الممارس وهو المدير، المشرف، والمنتج، والمخرج، الكاتب، والشخص المنظم، وهذا العملية يجب أن تتم بشكل أكثر تنظيمياً، عندما يتم رفع التقارير من المدير التنفيذي إلى مدير العلاقات العامة.

القوة الخبيثة:

هناك تأثير كبير للعلاقات العامة على المجتمعات إذ أصبحت تعرف بأنها القوة "الخبيثة"، وهذه القوة يتم استثمارها باستمرار من قبل من الحكومات الأمريكية من أجل السيطرة على الفكر والرأي العام، فكثير من الشخصيات في السنوات الأخيرة

استخدمت أسلوب "الكذب"، من أجل تضليل الجمهور وهذا أسلوب حقير يجب عـدم انتهاجـه في العلاقات العامة.

وكما هو معروف فإن الكذب يستخدم في أحيان كثيرة من أجل إخفاء الحقيقـة وطمسـها عـن الجمهور، وهذا مفهوم متناقض مع أخلاقيات مهنة العلاقات العامة، فإن الذي يكذب ولو مرة واحدة فإنـه يصبح شخص غير موثوق به، لا سيما من قبل وسائل الإعلام وكذلك الرأي العام. وهنـاك كثير مـن وسـائل الإعلام تعمل على تشويه الحقيقة، وتقوم أيضاً بالكذب الصريح على الجمهور، ويعد الرئيس السابق جورج بوش أكثر من مارس الكذب لا سيما في تبرير احتلاله للعراق وأفغانستان.

وكذلك هناك دليل آخر فكثير من وسائل الإعلام قامت بعرض فضائح الـرئيس الأمـريكي الأسـبق كلينتون مع مدربته، وبينت القصة على أن هناك علاقة جنسية بين الرئيس ومتدربته، وتعد هـذه الصـورة إحدى الفضائح التي قامت وسائل الإعلام بتداولها.

كما يجب أن لا ننسى بأن كثير من الكلمات التي يقولها كثير من المسؤولين تعمل على توجيه والتأثير علـى رأي الجمهور، لذلك يجب أن لا يقوم هؤلاء المسؤولين بممارسة الكـذب علـى جمهـورهم، ويجـب علـيهم التحلي بالصدق من أجل كسب ود واحترام أفراد المجتمع.

عناصر مهمة في نجاح العلاقات العامة:

هناك تقرير للعلاقات العامة إذ تم إيجاد مجموعة من الأمور في العام 1999م، وهي مرتبطة بشكل وثيق بالعلاقات العامة يجب التعرف عليها في هذا القرن من الزمان:

1- الاتصالات ومفاهيم واستراتيجيات الإقناع الحديثة.
2- نظريات الاتصال والعلاقات العامة.
3- بناء العلاقات العامة.
4- توجهات المجتمع.

5- القضايا النظرية.
6- المتطلبات القانونية.
7- تاريخ العلاقات العامة.
8- البحوث والتنبؤات المستقبلية.
9- المفاهيم النظرية.

كما أن الممارس للعلاقات العامة يجب أن يكون ملماً بالأمور التالية:

1- أن يكون على دراية بالتاريخ والفلسفة وعلم النفس الاجتماعي.
2- المعرفة بوسائل الاتصال ووسائل الإعلام المختلفة، والأهم من ذلك أن يكون قادراً على الكتابة.
3- وأن يكون قادراً على استخدام الوسائل التكنولوجية الحديثة مثل الانترنت.
4- المعرفة بالأدب والسياسة والاقتصاد، من أجل التعرف على الأمور التي تؤثر على المجتمع.
5- المعرفة بأسلوب رجال الأعمال.
6- المعرفة بالبيروقراطية، وكيفية انجاز الأمور البيروقراطية من أجل كسب ميزة أفضل بين المنظمات.
7- المعرفة التامة بسياسات الدولة.

كما يجب أن لا ننسى بأن الشخص المتخصص بالعلاقات العامة يجب عليه أن يكون قادراً على التواصل مع الجمهور كما يجب عليه أن لا يخفي الحقائق ويتجنب استخدام أسلوب الكذب، ويجب عليه أن يدافع عن حقوق الجمهور.

كما يجب عليه أن يكون قادراً على تقديم المشورة إلى كبار المديرين، كما يجب عليه أن يكون قادراً على التعامل مع الميزانية العمومية للمنظمة وقائمة التكاليف والنفقات النقدية، كما يجب أن يكون قادراً على التأثير على الرأي العام من خلال وسائل الإعلام كما يجب على الشخص الممارس للعلاقات العامة أن يكون لديه قدرة على الإقناع، وأن

يكون على استعداد تام بعدم الموافقة مع الإدارة، كما يجب عليه أن يكون ذكي وقادر على أن يقول كلمة " لا ".

كما يجب على الممارس للعلاقات العامة أن يكون ذو ثقة بالنفس، وكذلك يتمتع بأخلاق كبيرة والاستعداد التام لتحمل المخاطر، كما يجب أن يمتلك حس الدعابة والمرح كما يجب عليه أن يمتلك الشجاعة في الإقناع والثقة وأن يتمتع بشخصية قوية.

ويلاحظ في السنوات الأخيرة لا سيما في القرن الجديد أن المرأة أصبحت تمثل 70% من مجموع الممارسين لمهنة العلاقات العامة، ووفقاً لكثير من الدراسات فإن المرأة أكفأ وأكثر قدرة من الرجل في هذه المهنة.

إن التستر عن الحقيقة والكذب والحيل كلها متناقضة لمهنة العلاقات العامة إذ يجب الابتعاد عن هذه الأمور، فالعلاقات العامة مثل بقية المهن الأخرى كالقانون والمحاسبة وغيرها لها احترامها، كما يجب على الشخص الممارس لمهنة العلاقات العامة أن يكون من الممارسين الجيدين القادرين على تحمل هذه المسؤولية لدى المنظمة.

وأوصت جمعية العلاقات العامة بأمريكا والرابطة الإعلامية إلى ضرورة التمتع بأخلاق مهنة العلاقات العامة، على الرغم من المشاكل الكبيرة التي يعانوها ذوي مهن العلاقات العامة في تحقيق مراكز القيادة في المنظمة، إلا أنه يجب عليهم التحلي بالأخلاق الكريمة والابتعاد عن الخداع والكذب.

كما أنه يجب على المنظمة توظيف الأكفاء في مهنة العلاقات العامة في المنظمة لأن مهنة العلاقات العامة تعد مهنة مهمة جداً للمؤسسة وذلك من اجل التعرف على احتياجات الجمهور المستقبلية والتعرف على المتغيرات البيئية التي تحدث والتي يمكن أن تؤثر على متطلبات المجتمع.

في الواقع، يجب أن نشير بأن العلاقات العامة تعد جزءاً أساسياً في المنظمة وفي بعض ممارساتها تشبه بالدعاية والإعلان والتسويق، ويجب الاهتمام بالعلاقات العامة وذلك من أجل التعرف على الاحتياجات المستقبلية للجمهور ومحاولة تلبية احتياجاتهم هذه.

ويتذكر العاملون في العلاقات العامة في أمريكا قول إبراهيم لينكولين: " الشعور العام للجمهور هو كل شيء.. وإن عدم معرفة شعور الجمهور يمكن أن يفشل المنظمة في التعرف على متطلبات المجتمع، كما أن التعرف على القوانين والقرارات التي تحكم المجتمع في اختيار المنتج تعد أمراً أساسياً لدى المنظمة ". وإن العلاقات العامة أصبحت عنصراً أساسياً في بناء أي منظمة ناجحة في القرن الحادي والعشرين.

الفصل السادس

العلاقات العامة في الهند نموذجاً

مفهوم العلاقات العامة في ضوء الأدبيات السابقة

تعريف المعهد البريطاني للعلاقات العامة

تعريف الرابطة الهولندية للعلاقات العامة

تعريف بيتمان

ديني جريس وولد

ادوارد بارنيز

أون توان

وزارة الإعلام الفرنسية

المعهد البريطاني للعلاقات العامة

مكتب المؤسسات العامة (BPE)

تاريخ العلاقات العامة في الهند

تقسيم تاريخ العلاقات العامة في الهند

العلاقات العامة في الهند نموذجاً:

العلاقات العامة قبل فترة من الفترات كانت علم تابعاً للعلـوم الأخرى، حتى جـاء الوقت لأن تكون لها مسار وحقلاً علمياً خاصاً بها، لأن كثير من المجالات السياسية والاقتصادية والاجتماعيـة معتمـدةً اعتماداً مركزياً على العلاقات العامة، ونلاحظ أنه في كثير من البلدان أصبح فيها اهتمامـاً بحقل العلاقات العامة وهذا ما نجده في الهند مثلاً، وقد تم تخصيص فريق من المتخصصين في تطوير وابتكار أمور جديدة في تخصص العلاقات العامة، وسابقاً كانت هناك ندرة في كتب العلاقات العامة وكانت لا تسد احتياجات الطالبين إلى الاستزادة من هذا العلم. ومن هذا المنطلق، تم تأليف أعداد مـن الكتب والمراجع لتقدم المعلومات التي يفتقدها طلاب العلم، وتشكل النهر المتـدفق الـذي يرتوي منـه كـل مـن هـو بحاجـة إلى التعرف على (حقل) العلاقات العامة.

وتعتبر عملية قرع الطبول جوهر العلاقات العامة في الهنـد، وتشكل هـذه البدايات للعلاقات العامة، وشهدت الفترات الأخيرة نمواً في هذا الحقل وتطور، وقد أصبح بمقدور المنظمات التنافس فيما بينها متخذةً العلاقـات العامـة كأسـاس في التفـوق عـلى مثيلاتها مـن المـنظمات التـي تعمـل في نفس المحفـل التنظيمي.

ونلاحظ بأن المنحى الحقيقي للعلاقات العامة هو الانفتاح والتعرف عـلى الاحتياجـات المختلفـة لأبناء المجتمع، ولذلك يمكننا القول بأن العلاقات العامة هي ليست أمـور نظريـة، بـل هـي أفكار ترتبط بأفعال تطبيقية.

يلاحظ في العقد الماضي، بأن الشريان الأساسي لنجاح الصناعة كـان يتمثل "بالعلاقات العامـة "، ومن هذا المنطلق يجب الاعتراف بهذا الحقل العلمي (العلاقات العامة).

كما يجب الإقرار بأن العلاقات العامة معتمدة بالأساس على الجمهور، مثلما هي معتمدة كـذلك على الإعلام والمعرفة والقوة، كما أنها تعتبر الثروة أساساً للتغيير

والتنمية. كما يجب أن نلاحظ بأن العلاقات العامة تستطيع أن تتعرف على متطلبات الجمهور من خلال قنوات الاتصال المختلفة.

والعلاقات العامة لديها مسؤوليات كثيرة في عالمنا اليوم، فلا يجب أن تكون معزولة عن القضايا الكبيرة والصغيرة التي ترتهن السوق المحلية أو السوق العالمية. ويعد الأمر بالغ الأهمية للعلاقات العامة من خلال مواكبة التكنولجيا والتطورات العلمية التي تشهدها عالمنا ويجب أن تطور بقنوات الاتصال في التعامل مع الجمهور والتعرف على المتطلبات التي يحتاجها الجمهور مثلاً من خلال الانترنت (بتصميم عديد من المواقع على الانترت) للتعرف على المتطلبات المتزايدة للجمهور، كما يتيح لها المجال بالتعرف على وجهة نظر الجمهور وانطباعاتهم عن المنظمة والخدمة التي تقدمها. كما يجب أن يلاحظ بأن الجزء النظري من العلاقات العامة يجب أن يقترن بالتطبيق العملي، ولا سيما دولة كبيرة متنوعة الأعراف كالهند، كما يجب على العاملين في هذا الحقل أن يكونوا ذوي خبرة وكفاءة عالية، وممارسين فعليين لهذه المهنة.

ومن هنا تأتي أهمية أن نجمع كثير من الأفكار التي تخص العلاقات العامة وتشكل مصدراً للاستزادة لكل من أراد تطوير كفاءته والتعرف على كل ما هو متعلق بالعلاقات العامة.

وأياً كان من يمارسها فالعلاقات العامة في جوهرها هي عبارة عن مجموعة من الاتصالات الكفؤة من خلال السياسات وبرامج الجمهور لبناء جسر من التفاهم وزيادة ثقة الجمهور بالمنظمة، لذالك ومن هذا المنطلق تنبع أهمية العلاقات العامة من خلال زيادة الإنتاجية وتعزيز المناخ السليم للصناعة، كما أن العلاقات العامة تعزز مبدأ الانضباط للشركات من خلال تقديم الخدمات الجيدة للمجتمع، كما أنها تعمل على زيادة ولاء المجتمع للمنظمة من خلال الزيادة في المصداقية وتحسينها، كما أنها تعمل على تلبية احتياجات الجمهور. كما يجب أن لا ننسى بأن العلاقات العامة تعمد بشكل رئيس على العلوم الاجتماعية في العملية الانتاجية من خلال مبدأ الفوز بثقة الجمهور.

وتسعى العلاقات العامة إلى التعرف على احتياجات المجتمع، من خلال التعرف على السلوك الاجتماعي لدى المجتمع ولا ننسى بأن على المنظمة التعرف على المشاكل الاجتماعية السائدة في المجتمع، كما أن العلاقات العامة معتمدة على المعرفة، وهي تسعى إلى التأثير على السلوك لأفراد المجتمع المختلفة.

لذلك تعتمد العلاقات العامة على النظريات الاجتماعية من خلال وجهات نظر العلماء المختلفين حول دراسة المشكلات السلوكية والاجتماعية والإنسانية. كما يجب علينا أن لا ننسى بأن العلاقات العامة تقدم المشورة للشركات حول السياسات الإنسانية لدى الشركة، كما أنها تحاول ردم الهوة بين المنظمات وأفراد المجتمع ومحاولة بناء جسر من الثقة يربط بين الطرفين (الجمهور والمنظمة).

إن الهند لديها تاريخ قصير نسبياً في العلاقات العامة وكما نعلم بأن المجتمع الهندي ينمو بشكل سريع، وهذا ما يجعل الهند بشكل عام بحاجة أكثر إلى العلاقات العامة، كما يجب أن لا ننسى مسؤولية المنظمات بالتزاماتها الاجتماعية على أفراد المجتمع والشعور بالواجب تجاههم من خلال تقديم الخدمات النبيلة لأفراد المجتمع، إن الوقائع تثبت بأن الهند ازداد اهتمامها بالعلاقات العامة بعد الحرب العالمية الثانية وتحديداً من عام 1947م، وكان استثمار الأموال في هذا الحقل محدداً في ذلك الحين، رغم أن هناك أكثر من 50000 شخص هندي عملوا في قطاع العلاقات العامة في الهند.

لقد شهدت الهند عقبات كبيرة رافقت مهنة العلاقات العامة وذلك كون أن كثير من المنظمات لا تتبع مبدأ الجودة في تقديم السلع والخدمات، وهذا ما جلب انتقادات كثيرة للمنظمات، كما أن هناك مشاكل تتلخص في القطاع العام (الحكومي) في عدم وجود وعي من قبل الجمهور، وهذا ناتج في أغلب الأحيان عن عدم وجود كفاءة في الاتصال بين الجمهور والمنظمات.

ولـوحظ أن هنـاك زيـادة في حجـم الاستثمارات الهنديـة في مجـال العلاقـات العامـة، إن هـذا الاستثمار الضخم يجب أن يكون على قاعدة قويـة وأن تكون العلاقات العامة مبنية على أسس متينـة مـن أجل إنجاح هذه الاستثمارات.

ومن هذا المنطلق أدرك أغلب المسؤولين في المنظمات الهنديـة في قطاعي الدولـة والخاص أن الاهتمام بالعلاقات العامة يتم من خلال تبني كادر مهني متخصص بتطوير العلاقات العامة، ومحاولـة تحليل معلومات الرأي العامة والتعرف على ردود أفعالهم الحقيقية والتعرف علـى الاقتراحـات التـي يمكـن أن يبرزوها والتي لها أهمية في العلاقات العامة.

ومن هذا المنطلق أيضاً يجب التعرف على وجهة نظر الـرأي العـام مـن أجـل وضـع السياسـات والخطط القادرة على إنجاح المنظمات. كما يجب أن لا ننسى بأن الاهتمام بالعمليات الاتصالية أمر في غاية الأهمية لأنه لا يمكن الحصول على صناعة ممتازة بـدون جـود اتصـالات فعالـة، لا سيما وأن العـالم اليـوم أصبح محكوم بالمقولة " العالم أصبح قرية صغيرة" نتيجة للتطور الهائل في الاتصالات والتكنولوجيا.

لقد حدثت تطورات مهمة في الهند أبرزها أنها أدرجت تشريعات وقوانين تسمح بالاستثمار للشركات المتعددة الجنسيات في الهند، وهذا بدوره سيفرض على المنظمات الهندية زيادة جودة الخدمات والمنتجات المقدمة للجمهور. كما أنه يعمل على زيادة تطوير نظم الاتصالات المتبعة.

إن الطبقة المسؤولة في الهند في الوقت الحالي عليها أن تعـترف بأنهـا غـير قـادرة عـلى أن تقـوم بعملية الانتاج لوحدها بدون مساعدة المنظمات العالمية، لذلك يجب عليها الحصول عـلى المسـاعدة مـن الشركات والمنظمات العالمية، من أجل تطوير القطاع الانتاجي في الهند، كما يجب عليها توسيع نطاقه.

إن هذه التطورات المتسارعة في العالم أحدثت تطورات كبيرة في مهنة العلاقات العامة وساعدت على تطوره في القطاع العام والخاص على حد سواء. وقد ساعد نمو

الأسواق المالية العالمية إلى زيادة تدفق الأموال والتكنولوجيا، ورفع حدة المنافسة الدولية، وخلق مناخ من الحرية التجارية، وهنا تبرز العلاقات العامة التي تضطلع بالمهام والمسؤوليات التي يقوم بها موظفي العلاقات العامة في هذا المجال، كما يجب أن لا ننسى بأنه يجب على المنظمات مواكبة التغيرات والتطورات في مجال تكنلوجيا المعلومات.

كما أن التقدم السريع في التكنولوجيا الالكترونية قد أضاف بعداً جديداً للتحديات التي تواجه العاملين في العلاقات العامة.

أن مواكبة التطورات التكنولوجية أدى إلى إحداث التغيير الجذري في سلوكيات كثير من الجمهور الهندي كما أن هناك تقدماً كبيراً في الصناعة الهندية وأدى ذلك أيضاً إلى فتح متاجر وصناعات جديدة لم تكن موجودة سابقاً.

وهنا يجب ملاحظة أن العلاقات العامة تعتمد على الترابط بين البلدان المختلفة، وهذا يلزم التعرف على الأوضاع في البلدان الأخرى، كما يجب الاهتمام بتحقيق المصلحة المشتركة واعتماد مبدأ المصالح المتبادلة. كما ان مهنة العلاقات العامة تعتمد على المشاركة من قبل القطاعين العام والخاص. أن الاتصالات التكنولوجية المتطورة أدت إلى زيادة الربط بين الشركات المختلفة ويمكن من خلالها التعرف على كثير من المعلومات في حال رغبة المنظمة في الحصول عليها. ويجب على المنظمات في الهند الاعتماد على التكنولوجيا بشكل أساسي ويجب عليها تحرير الاقتصاد الهندي ويجب أن تستهدف قطاعات مختلفة، وعلى المنظمات أن تعمل على تحقيق رضا الجمهور حول المنظمات وعليها أن تعتمد مبدأ الجودة في تقديم الخدمة، من أجل تحقيق أهدافها لا سيما الاستمرارية والازدهار.

إن ثمة حقيقة في الهند اليوم جوهرها أن سيطرة الحكومة على المنظمات العاملة في الهند أصبح شيء من الماضي، فهناك في الفترة الأخيرة محاولة لتغيير المنحى والمفهوم للعلاقات العامة ومحاولة لتطوير هذا القطاع من خلال زيادة الاهتمام بهذا القطاع وزيادة الاستثمارات وكذلك الاعتماد على الكفاءات والمختصين في العلاقات العامة.

مفهوم العلاقات العامة في ضوء الأدبيات السابقة

إن أبرز تعريف للعلاقات العامة كما يراها اخصائي العلاقات العامة في الهند هو تعريف المعهد البريطاني للعلاقات العامة إذ يعرفها على أنها: " منظومة مترابطة ومخططة للتفاهم المتبادل بين الجمهور والمنظمة "، كما أن هناك تعريف للرابطة الهولندية للعلاقات العامة إذ تعرفها بأنها " الأسس المنهجية في تعزيز التفاهم المتبادل بين المنظمة والجمهور ". كما يعرفها بيتمان صاحب كتاب " عملية العلاقات العامة "، بأنها: " إقامة علاقات اتصال بين اتجاهين " المنظمة والجمهور" من خلال إيجاد تفاهم بينهما مبني على أساس المعرفة وعملية الاتصال الجيدة ".

كما يعرفها " ديني جريسوولد " بانها " وظيفة تعمل على تقييم العلاقة بين الجمهور والمنظمة وإيجاد سياسات وخطط وبرامج تنفذ من اجل زيادة ثقة " ولاء " الجمهور بالمنظمة وزيادة تقبله للخدمة أو المنتج الذي تقدمه ".

ورأى " ادوارد بارنيز " بأن العلاقات العامة هي: " معرفة اتجاهات الرأي العام " الجمهور " من أجل تلبية رغباته، واستخدام نظام اتصال ومعلومات فعال لتحقيق التكيف والتعرف على المتطلبات المتزايدة لهذا الجمهور ".

كما يجب أن لا ننسى بأن العلاقات العامة تجمع بين علم الاجتماع والاقتصاد والفلسفة واللغة والصحافة والاتصالات، وغيرها من التخصصات التي تعتمد على التواصل والتفاهم بين الإنسان. كما أن عملية الاتصال مهمة جداً في العلاقات العامة كما يورده " أون توان " بأن "الاتصالات عملية أساسية في العلاقات العامة إذ أنه من خلالها يمكن التعرف على اتجاهات المجتمع، وكذلك تقوم عملية الاتصال بتوصيل الأفكار والمعلومات عن الجمهور ومحاولة تفسير أفكارهم" لذلك نلاحظ بان العلاقات العامة تعد جهود متناغمة من أجل الحصول على مصلحة متبادلة بين المؤسسة والمجتمع.

ومن خلال هذه الحقائق يتأكد أن العلاقات العامة جهود مبنية على مبدأ التواصل بين المنظمـة والجمهور، كما أنها تعتمد على الحفاظ على الثقة للجمهور، كما أنها تعمل على التواصل مع الجمهور مـن أجل خلق مشاعر ودية. كما بينت ذلك جمعيـة العلاقـات العامـة الدوليـة حيـث أكدت فـي أدبياتها بـأن وظيفة العلاقات العامة هـي وظيفـة إداريـة اتصاليـة تسعى إلى الحفاظ والفـوز بالتفاهم بـين المنظمـة والجمهور، وإيجاد أسلوب تخطيط متقدم ومناسب يعمل على زيادة كسب ولاء ورضا الجمهور لما له من زيادة نمو المنظمة وزيادة الكفاءة والحرفية في أداء مهامها.

كما بينت وزارة الإعلام الفرنسية من خلال تقرير لها حول الموضـوع بان "على المنظمات أن تمارس العلاقات العامة ويجب عليها أن تنمي قدرات موظفيها وتعمل على زيادة الخبرة لديهم، كما يجـب عليها ان تعتمد خبراء استشاريين مستقلين، لأن العلاقـات العامـة مبينـة علـى مبـدأ الثقـة المتبادلـة بـين الجمهور والمنظمة، كما يجب أن يتم توسيع هذه الواجبات لتشمل العلاقات بين الشركات والمـوظفين كمـا يجب على المؤسسة وضع سياسات واستراتيجيات تعمل على الحفاظ على هذا المبدأ ".

كما أن المعهد البريطاني للعلاقات العامة في عام 1969 قام بإيجاد تعريف للعلاقات العامة مبنـي على أساس التعرف على آراء الجمهور والمشاكل والصعوبات التي يعاني منها وإيجاد الحلـول المقترحـة مـن أجل حل هذه المشاكل، وذلك لما له من أثر في خلق الولاء بين المجتمع والمنظمات وبناء علاقة ترتكـز علـى حسن النية وتغليب المصلحة العامة للمجتمع على المصلحة الخاصة، لذلك فإن العلاقات العامـة يجب أن تبنى على أسس ودية وطيبة بين الجمهور والمنظمة.

ويمكننا أن نعرف العلاقات العامة بأنها فن مبني على أسـس منهجيـة مـن خلال اعتماده علـى العلوم الاجتماعية المختلفة وتحليل اتجاهات الجمهور، كما أن أبـرز المهـام للعلاقـات العامـة هـو تقـديم المشورة للمدراء والقادة في المنظمة وتعمل العلاقات العامة على تحقيق الأهـداف العامـة للمنظمـة، مـن خلال التعرف على توجهات الجمهور، كما

أنها تعمل على وضع الخطط والسياسات من أجل تطوير الخدمة والمنتج الذي تقدمه المنظمة للمجتمع، كما أنها تقوم على مبدأ التقييم لاتجاهات الجمهور والتعرف على المتطلبات المتزايدة لديهم.

كما يجب أن نقر بأن العلاقات العامة تبنى على قاعدة أساسها نظام اتصالات فعال لغرض التعرف على احتياجات الجمهور، ومما لذلك من أثر في خلق تفاهم متبادل وتعرف على احتياجات الجمهور المختلفة لمحاولة المنظمة تلبية هذه الاحتياجات.

في عام 1967 تم عقد مؤتمر مهم للعلاقات العامة والذي نظمه مكتب المؤسسات العامة (BPE) والذي ركز على أن واجب الإدارة العليا العمل على كسب ود العاملين في العلاقات العامة كما يجب عليها أن تعاملهم معاملة حسنة وتعمل على تطويرهم وزيادة المخصصات المالية لهم، لما يقومون به من أدوار فعالة في تقديم المشورة لكبار المسؤولين والقادة في المنظمة التي يعملون بها ".

كما أن من التوصيات التي تمخضت عن هذا المؤتمر هو تعيين لجنة من الخبراء تعمل على زيادة تنمية العلاقات العامة ومتابعة أحوال العاملين في العلاقات العامة ". كما أن المؤتمر الثاني حول " اهمية العلاقات العامة في المؤسسات العامة " الذي نظمته (BPE) والذي عقد في حزيران عام 1969، والذي ركز على أهمية العلاقات العامة في المؤسسات وأراد هذا المؤتمر إيجاد الدعم للواجبات والمهام التي يقوم بها موظفي العلاقات العامة، ومحاولة تذليل الصعوبات التي يمكن ان تواجههم ".

كما عمل المؤتمر على إيجاد تعريف موحد للعلاقات العامة والتعرف على الوظائف الأساسية التي تقوم بها العلاقات العامة "، كما أن هذا المؤتمر مهد لعقد مؤتمرات أخرى في عام 1973 و عام 1979 وما لحقها. أن هذه المؤتمرات حتى الآن قامت بوضع مجموعة من التوصيات والاقتراحات لحكومة الهند، كما ركزت هذه المؤتمرات على أهمية الدعاية الإعلامية والتنسيق المشترك بين القطاع العام والخاص.

تاريخ العلاقات العامة في الهند

معروف أن للعلاقات العامة تاريخ قصير نسبياً، بـرزت خـلال الحـرب العالميـة الأولى، إذ أظهـرت الوقائع بأن الحرب ليس فقط الأسلحة والـذخائر كما كان ذلك الفهـم سائداً، ولكـن العبـارات والأفكـار والأساليب العلمية، يمكن أن تسهم في كسب ود الجمهور من خلال وسائل الإعلام المختلفة كما أنـه يمكن تسخير الجمهور لنصرة القضية التي يريدونها.

وتقوم العلاقات العامة منذ ظهورها على ثلاثة عناصر أساسية:

أ- إخطار الشعب.

ب-إقناع الجمهور.

د- الحصول على ولاء الجمهور.

وإذا ما عدنا إلى الوراء إلى تاريخ الولايات المتحدة نلاحظ أن مصطلح العلاقات العامة قـد نشـأ لدى قادة الثورة الأمريكية عندما اعترفوا بأهمية العلاقات العامة في خلق مجتمع جديد، وذلك مـن خـلال مخاطبة الجمهور عبر وسائل الإعلام المختلفة من الصحف والنشرات وكتيبات وخطب وأغـاني ومسـرحيات اجتماعية، كما وجدت المظاهرات من أجل تعبئة الرأي العام في سبيل مصالحهم الخاصة.

ونلاحظ أن ازدهار العلاقات العامة في الهند كان في بداية العـام 1990 و 1991، إذ أن العلاقـات العامة لاقت اهتماماً منقطع النظير في تلك الفترة من قبل القطاعين العام والخـاص، وقـد وقـف القطاعـين جنباً إلى جنب من أجل تطوير العلاقات العامة كما أن مؤسسـات الدعايـة والإعلام أخـذت علـى عاتقهـا تطوير هذا القطاع.

ويمكن تقسيم تاريخ العلاقات العامة في الهند إلى ثلاثة مراحل أساسية وهي:

أولاً: عصر الدعاية.

ثانياً: عصر الانتشار.

ثالثاً: عصر العلاقات العامة الحديثة.

وكل مرحلة من هذه المراحل لها أهميتها، كما يجب أن لا ننسى أهمية الاتصالات، والـدور الـذي كان يلعبه كثير من الفلاسفة مثل غوتاما بوذا، مؤسس البوذيـة، كـما أن كثير مـن الـديانات مثل البوذية والسيخية استخدمت العلاقات العامة لكسب اتباع جدد في ملتهم. كـما يجب أن لا ننسى ـ أن كثير مـن المؤامرات تعتمد وتحاك باستخدام أساليب الدعاية من أجل المحافظـة عـلى السـلطة ووضـع حـدود ضـد الأعداء.

إذا نظرنا إلى التاريخ الهندي القديم، فإن كثير من الحكام اتبعـوا أسـلوب العلاقـات العامـة مـن أجل كسب ود وولاء أفراد شعبهم، حتى في العصور القديمة، إذ يقال في الأساطير الهندية أن " أشوكا" ملك الخير قال ذات مرة: " إن الملك أو الأمير يجب أن يكون والد لأبناء شعبه "، وكانت هذه العبارة الأولى التي اعتمدت في العلاقات العامة في الهند من أجل كسب ود وولاء رعاياه. كما أن العلاقات العامة تنطوي عـلى أسلوب سياسي فكثير من الملوك استخدموها في تسييس عملية الانتخابات.

وجاءت المرحلة الثانية في تاريخ العلاقات العامة في عصر الدعاية وبدأت في عهد الملكة فيكتوريا عندما تولت إدارة الهند في عام 1858م، وقد تبنى الجنود الهنود الثورة العظيمة ضد القوات البريطانيـة إذ استخدموا مجموعة من وسائل الإعلام المختلفة مثل الصحف، وقد أقاموا غرفـة متخصصة في عـام 1858 " كمقر للمفوض الأول " أو الرئيس لهذه الصحيفة، وقد تم استخدام وسائل دعائية بدائية في مخاطبـة الجمهور من خلال طباعة بعض الكلمات وتوزيعها على الجمهور، وكان لها دور أساسي في عمليـة الثورة على القوات البريطانية كما أن هناك كثير من التطورات حدثت في الحرب العالميـة الثانيـة (1939-1945)، وقد استخدمت الدعاية كأسلوب أساسي في الحرب.

لقد ازدهرت العلاقات العامة في الهند خلال الحرب العالمية الثانية من أجل تعبئة الجمهور
للثورة على الجيش البريطاني، وقد تم تجييش الجماهير الهندية ضد القوات البريطانية وكانت هناك
حملات كثيرة لجمع الأموال، كما كان هناك كثير من الإعلانات التي عنيت بجذب الهنود للقوات المسلحة
وقامت برفع الروح المعنوية لديهم، وكانت هذه الحملات مبنية أساساً على الدعاية، وتعد هذه الأمور
البذور الأولى التي زرعت لبنة العلاقات العامة في الهند.

مع الاستقلال الهندي قامت الحكومة بإنشاء وزارة الإعلام والإذاعة، إذ اعتمدت الهند شكل
الحكم الديمقراطي الذي يرتكز بالأساس على إرادة ورغبة الشعب. وكانت الدعاية هي الأساس في العلاقات
العامة وهذا ما تم ملاحظته خلال تلك الفترة، وكانت أول حكومة شكلت بزعامة الرئيس "جواهر لال
نهرو" فكان هو الأول في قيادة الهند كما يجب أن لا ننسى ـ الدور الهائل " للماهاتا غاندي " الذي كان
القائد الأساس في عملية التحرر في الهند، كما كان لمقولات رئيس الوزراء "نهرو": " التحرر من الجهل لا تقل
أهمية عن الحرية من الجوع " وكذلك: " يجب علينا القضاء على الفقر في المعلومات لأنه الشرط الأساسي
لتعزيز العلاقات السياسية والاقتصادية والعلمانية والديمقراطية "، أهمية بالغة في رسم الطريق أمام
مؤسسات العلاقات العامة لتعبيد الطريق، لحركة ناجحة في تعبئة الرأي العام الهندي وطنياً وتحقيق
التنمية الشاملة في بلد كبير بسكانه ومساحته وثرواته وكذلك بمشاكله المعقدة.

ونلاحظ أن هناك تطورات كثيرة حصلت في الهند حيث تبلور مفهوم "حكم الشعب للشعب "،
لذلك ومن أجل إرساء هذا المبدأ تقوم الحكومة بالتواصل مع أفراد شعبها، وبما فرض على الشعب أن
يشارك من أجل إنجاح العملية الديمقراطية في الهند، ولا يخفى على أحد دور العلاقات العامة الذي لعبته
في التأثير على الرأي العام.

ونتيجة للتطورات الكبيرة التي حدثت في الهند فإن كثيراً من أفراد الشعب استخدموا العلاقات
العامة من أجل كسب الشهرة من بين مختلف أفراد الشعب، كما

لوحظ بأن مهنة العلاقات العامة تعد المهنة الأولى والأساسية التي تطورت بشكل متسارع ومذهل، كما لوحظ أيضاً بأن هناك استراتيجيات وسياسات تعمل على تطوير هذا القطاع من خلال إدماج الشركات متعددة الجنسيات مع الشركات الهندية. كما أن العلاقات العامة دخلت في العملية الديمقراطية في الهند من أوسع أبوابها فكثير من الحملات الانتخابية تبنى على أساس دور العلاقات العامة كما تستخدم العلاقات العامة من أجل تجييش آراء وولاء الجمهور للأعضاء البرلمانيين.

أن العلاقات العامة تطورت كثيراً في الهند، حيث أصبح بالإمكان الوصول إلى المجتمع عن طريق وسائل الإعلان المطبوعة على المركبات، والمجلات والمعارض التجارية، كما استخدمت العلاقات العامة في زيادة التفاعل البرلماني من خلال توفير معلومات تكاملية للجان البرلمانية.

كما لعبت العلاقات العامة دوراً أساسياً في التنمية الاقتصادية الشاملة وفي نمو البنية التحتية من خلال التوسع في الخدمات في القطاع العام، كما لعبت دوراً أساسياً في النشاط الصناعي الخاص إلى حد كبير، كما أن لها دور كبير في زيادة الإنتاج الزراعي وزيادة الطلب.

وقد شهدت السبعينات من القرن الماضي رواج القطاع الصناعي وازدهاره، كما عملت العلاقات العامة على زيادة وتفعيل العلاقات بين السياسيين ورجال الأعمال وقد وصلت هذه العلاقات إلى علاقات صداقة وتفاهم انعكست نتائجها على نمو وتطور الحياة في الهند.

كما عملت العلاقات العامة على توجيه احتياجات الأفراد في المجال الصناعي، فعن طريق الحملات الدعائية والطباعية وتنظيم المعارض تم التعرف على احتياجات الشعب الهندي.

كما كان للعلاقات العامة دور فعّال في وضع استراتيجيات مستقبلية لـدى المـنظمات الهنديـة، والتعرف على المتغيرات التي يمكن ان تحدث وكما أنها ستكون قـادرة عـلى دخـول عمليـة التنـافس، كـما أثبتت العلاقات العامة جدارتها في إبقاء المؤسسات وديمومتها وقـدرتها عـلى المنافسـة في المحافـل الدوليـة لذلك توجب أن يكون السلوك التنظيمي لدى المؤسسة مبنـي عـلى أسـاس عـالٍ مـن المصـداقية والسـلوك الأخلاقي ومبني أيضاً على المعرفة والإبداع.

ولا يخفى الإشارة هنا بأن العلاقـات العامـة في المجتمـع الهنـدي بـدأت مـن المنازل مـن خـلال تجييش اتجاهـات المجتمـع إلى المنافسـة في الشركات العالميـة، ومـن خـلال إدمـاج الشركات المتعـددة الجنسيات. كما يجب أن لا ننسى الدور الذي لعبته الصحافة في رفد المؤسسات الهندية لا سيما مـا قامت به بأداء مهامها بتحرير الاقتصاد والذي تم ذلك في عقد التسعينات من القرن الماضي.

الفصل السابع

نطاق العلاقات العامـة

العلاقات العامة الداخلية والخارجية

وجهة نظر عامـة

العلاقات العامة الداخلية للمجتمع

العلاقات العامة الخارجية مع المجتمع

العلاقات العامة في القطاعات المختلفة (الزراعية والصناعية وقطاع الخدمات)

نموذج تطبيقي من العلاقات العامة والإعلام في الهند (VSNL)

أهداف العلاقات العامة في شركة VSNL)

مسؤوليات العلاقات العامة في شركة VSNL)

الوسائل المستخدمة من قبل شركة (VSNL) في مجال العلاقات العامة

المعيار القصير في العلاقات العامة

الخطط الطويلة الأجل

طريق التغذية الراجعة

التحليل الاستراتيجي للعلاقات العامة

نقاط يجب تسليط الضوء عليها

القوة

تحليل البيانات

الضعفاء والكادحين

انتهاز الفرص

التهديـــد

نطاق العلاقات العامة

أدركت جميع مؤسسات الأعمال، سواء في القطاع العام أو الخاص أهمية الدور الذي تضطلع بـه العلاقات العامة وأصبحت على دراية كافية بمـا يمكن أن تقـوم بـه، وهـي تحظـى بقبـول كبيـراً مـن قبـل المنظمات باعتبارها جزءاً حيوياً من وظائفها الأساسية، وكما أنها أساسية في وضع السياسات والاستراتيجيات للمنظمات.

إن استخدام العلاقات العامة بتميز يلعب دوراً أساسياً في تحقيق الغايات وأهداف المؤسسة، كما يجب أن لا ننسى بأن العلاقات العامة يجب عليها أن تقوم بتطوير وسيلة الحصول على المعلومـات لمـا لهـا من فوائد جمة، كما يجب عليها التوسع في استخدام وسائل الإعلام والعمل على نشر المعلومات.

إن تحقيق أهداف المنظمة يتطلب توافر الموظفين الأكفاء والمؤهلين في مجـال العلاقـات العامـة كما يجب تبني مبادئ وأسس تكنولوجيـة فعالـة. لأن مـا يميـز عـالم اليـوم هـو المنافسـة، حيـث تتنـافس المنظمات مـن أجـل تقـديم خدمات متميـزة للجمهور، ومـن أجـل إقامـة علاقـات طيبـة بـين الجمهـور والمنظمات، كما تسهم العلاقات العامة في فهم جيد لبيئة المنظمة، مثلما يكون لها اسهامها في زيادة تطور الصناعة.

أن البنية التحتية مهمة جداً فالقوى العاملة المؤهلة وطريقة الوصول إلى المعلومات أيضاً مهمة، كما يجب أن تكون القوى العاملة مؤهلاً جداً من اجل مواكبة المنافسة بين المنظمات، التي يجب عليها بـذل الجهـد الكافي من أجل كسب ود وولاء الجمهور.

العلاقات العامة الداخلية والخارجية

إن التعرف على أهمية العلاقات العامة تتلازم مع ضرورة فهمها بشكل جيد وهذا يمكن أن يـتم من خلال زيادة التفاعل مع المجتمع وكسب وده وولائه، لذلك فإن

أغلب المنظمات تعمل بكل جهدها من أجل الحفاظ على التواصل المتبادل بينها وبين أفراد المجتمع. وأفضل طريقة هي بالاعتماد على العلاقات العامة لكسب ود الجمهور.

وجهة نظر عامة:

إن إدراك وجهة نظر العامة للعاملين في المنظمة تعد أمراً أساسياً يجب التعرف عليها من قبل المنظمات، ومحاولة تجميع آراء الجمهور نحو اتجاه معين، وكذلك محاولة التعرف على الخلافات في الرأي الواحد، كلها مهمة من أجل الصالح العام للجمهور والمنظمة.

إن مبدأ العلاقات العامة يجب أن يبنى على التعرف على توجهات المواطنين، والتعرف على معتقداتهم الغريزية، والمشاكل والإحباطات التي يعاني منها الجمهور، كما يجب التعرف على الوضع الاقتصادي الذي يعيش به أفراد المجتمع وعلى الظروف الاقتصادية السائدة في المجتمع. وظروف العمل والأوضاع المالية لدى الجمهور المستهدف.

العلاقات العامة الداخلية للمجتمع:

تتمثل العلاقات العامة داخل المنظمة من خلال زبائنها وعملائها كما يجب أن لا يتم نسيان المساهمين في دعم أهداف المؤسسة والموردين للمؤسسة.

كما يجب معرفة أن العلاقات العامة الداخلية تعمل على صياغة الأفكار الجديدة، كما أنها تعمل على كسب ولاء العاملين لديها وزيادة الإبداع لديهم وبالتالي زيادة الانتاجية، كما انه من الضروري على المنظمة استخدام نظام اتصال داخلي فعال من أجل التواصل بين العاملين داخل المؤسسة.

كما يجب أن يكون هناك نظام اتصال فعال في المنظمة من أجل التعرف على ما سيحدث داخل المنظمة، وتعد هذه الأمور من الأساسيات لتحقيق أهداف المنظمة، والمنظمات التي ترفض التواصل الداخلي مع مستخدميها ستضطر إلى أن تواجه عواقب وخيمة.

العلاقات العامة الخارجية مع المجتمع:

كما يوحي اسمها فمن المهم إيجاد نظام تواصل خارجي يعمل على زيادة التفاعـل بـين المنظمـة ومجتمعها، ومن واجب المنظمة أن تكون قادرة على تحديد المجتمع الذي سوف تقوم بتقـديم الخدمـة أو المنتج إليه، وأن تكون قادرة على التواصل معه. والجمهور الخارجي وهو الأكبر يمكن تقسيمه إلى ما يلي:-

أولاً: الزبائن: كما نعلم بأن كل مؤسسة لها زبائنهـا الخاصـين إذ تقـوم المنظمـة ببيـع منتجاتهـا أو تقـديم خدماتها لها. لذلك يجب على المنظمة أن تتبع الجـودة في تقـديم خدماتهـا والتعرف عـلى الآراء الجديـدة حول المنتجات والخدمات التي تقدمها المنظمة.

لذلك يجب أن لا نتجاهل الآراء لهؤلاء الزبائن إذ يجب اخذها بعين الاعتبار.

ثانياً: (حملة الأسهم) المساهمين: وهم المساهمين المالكين للشركة لذلك لا تستطيع الشركة تجاهل مصـالح مساهميها.

ثالثاً: القادة: يلعب القادة الدور الأساس في المنظمة من خلال اتباع استراتيجيات وخطط تعمل على التـأثير على الجمهور المستهدف للمنظمة.

رابعاً: وسائل الإعلام المختلفة: يجب على المنظمة تبني أسلوب إعلاني فعال مـن أجل زيـادة وكسب ولاء عملائها واستخدام الوسائل الإعلانية الحديثة.

خامساً: المجتمع ككل: إذ يجب على المنظمة أن تتفاعل مع المجتمع بشكل منظمـة والاسـتماع والتعرف على اقتراحاتهم والتعرف على المشاكل التي يواجهونها. كما يجب أن تقوم المنظمة بوضع برامج تعمل على التنمية المستدامة للمجتمع.

سادساً: الحكومة: يجب على المنظمة كسب ولاء الحكومة لما تمثله وما يمكن أن يشكله انعكاس هذا الولاء على المجتمع، كما يجب المساهمة مع الحكومة في زيادة رفاه المجتمع ومحاولة الحد من معاناتهم، والعمل مع الحكومة في هذا الاتجاه لصالح المجتمع.

سابعاً: العلاقات المالية: الهدف من التواصل في العلاقات المالية هو كسب ثقة المساهمين والمستثمرين الجدد، كما يجب على المنظمة ان تحصل على الدعم المالي من قبل الجمهور. وهذا أساسي من أجل نمو الأعمال التي تقوم بها المنظمة.

تاسعاً: مجموعات العمل: ينبغي أن تعتمد المنظمة المبادئ الديمقراطية في التعامل مع موظفيها، والمحافظة على اتصال منتظم وحوار فعال من أجل تجنب الشكاوي التي يمكن ان تنتج عن ذلك، كما يجب على المنظمة الاستجابة لاحتياجاتها والتعرف على مقترحاتهم وآرائهم ومحاولة تقديم المشورة لهم في حال حدوث مشاكل.

كما ينبغي على المنظمة أن تشارك في مختلف النشاطات الاجتماعية والثقافية والرياضية من اجل فهم أفضل للتفاعل مع الجمهور والتعرف على الآراء باستمرار لدى جمهورها.

عاشراً: المجتمع بمختلف أطيافه: إذ يجب إرضاء المجتمع ككل ويتم ذلك من خلال عدة معايير في مقدمتها المعلومات: إذ يجب التعرف على آراء الجمهور والاستجابة لآرائهم، والتأكد من ردود أفعالهم على الإدارة، ورأس المال إذ يجب على المنظمة أن تقوم بإرضاء المجتمع، كما يجب أن تكون قادرة على خلق صورة رائعة في أذهان الجمهور عن المنظمة وطبيعة الخدمات التي تقوم بتقديمها. لهذا مع النمو الهائل في الأعمال يجب على المنظمة أن تحافظ على المجتمع الخارجي بشكل أساسي.

العلاقات العامة في القطاعات المختلفة (الزراعية والصناعية وقطاع الخدمات)

يذهب الخبراء لا سيما وجهة النظر الاقتصادية أن أبرز القطاعات التي تهم المجتمع تتركز في ثلاث قطاعات وهي الزراعية والصناعية وقطاع الخدمات إذ يشمل قطاع الخدمات أنشطة مثل البنوك والتأمين والنقل والتعليم والاتصالات، فالكفاءات البشرية تعد أمراً اساسياً في جميع القطاعات ويجب تطوير هذه الكفاءات.

وتعمل العلاقات العامة على تحقيق الأهداف المرجوة من الشركة، وذلك من خلال إشباع احتياجات المجتمع، ويمكن إيجاز أبرز المهام الأساسية للعلاقات العامة بالتالي:

- العمل على تغيير الاستراتيجيات المتبعة لدى المؤسسة من أجل النمو والتوسع.

- التعرف على المشاكل المستقبلية التي يمكن أن تحدث والتي يمكن أن تواجهها الإدارة سواء (داخلياً أو خارجياً).

- المساعدة على بناء صورة جذابة للمنظمة.

يلعب قطاع الخدمات دوراً أساسياً في الاقتصاد إذ يقوم على عمل جسر ـ تواصل بين المنتجين والمستهلكين، وهذا هو السبب الرئيسي في زيادة الاهتمام به، فهو يقوم على زيادة المنافع للمستهلكين، كما يجب الاهتمام بقطاع الخدمات لأنه الأساس في تنشيط الاقتصاد بشكل عام.

وفي الهند يلاحظ أن هناك اهتمام كبير في العلاقات العامة(كما أشرنا) وتحسين فعالية موظفيها، لأنها تلعب دور أساسياً في التنمية الاجتماعية والاقتصادية، كما أنها تعمل على مواكبة التطورات الحديثة، وكل هذا من أجل اللحاق بركب الدول المتقدمة، ولوحظ في الهند بروز موجة جديدة من التغيرات الاجتماعية اجتاحت البلاد خلال العقود الأخيرة الماضية.

كما أن العلاقات العامة قائمة على مبدأ التحفيز، وتحديداً تحفيز المواطنين على زيادة الإقبال على المنتجات والخدمات التي تقدمها المنظمة، كما أن الاهتمام بالزبون يعد الأساس في تقديم وصناعة الخدمة، كما أن هناك نظام خاص باستجواب الموظفين الذين يقومون على صنع القرار كما يجب أن يكون هناك عقوبة في حال عدم الوصول إلى الأهداف المرغوب في تحقيقها.

ويجب عليها المنظمة القيام بتحفيز الموظفين وتدريبهم وتجهيزهم من أجل أداء أفضل، كما يجب عليها أن تكون قادرة على زيادة قدرتها الانتاجية في حال زيادة الطلب على المنتجات والخدمات التي تقدمها. كما يجب عليها توظيف موارد إضافية، وكذلك زيادة الانتاج من خلال دفع العاملين في مجال العمل الإضافي.

وكما ذكرنا سابقاً يجب الاهتمام بالمهارات البشرية من خلال القدرة على زيادة الانتاجية كما يجب تحفيز العمال، وأن تراعي المنظمة الشرائح الاجتماعية المختلفة، كما أن وظيفة العلاقات العامـة هـي الحفاظ على جسر من التفاهم والتواصل المتبادل بين المنظمة والجمهور.

العلاقات العامة في الحكومـة

تلعب العلاقات العامة دوراً أساسياً في الدعاية الحكومية، وذلك من خلال إعطاء الأنباء والأخبـار إلى وسائل الإعلام عما تريد نشره، كما أن العلاقات العامة تخضع لمبادئ وتوجيهات سياسية يمكن من خلالها تعبئة الرأي العام، كما يتم من خلالها توعية الجمهور في مختلف الجوانب، كمـا يمكـن مـن خلال الإعلام تنظيم البرامج والأنشطة.

إن الحكومة (أياً كانت) تبحث عن فرصة من اجل كسب تأييد الرأي العام لها، ويمكن توضيح المبادئ التي يمكن أن تنتهجها من خلال وسائل الإعلام وكذلك مـن خـلال النشرات الصحفية، كـما يمكـن للعلاقات العامة رعاية الأنشطة والبرامج وتخصص موظف خاص مسيطر على قسم العلاقات العامـة تابـع (للإدارة وشؤون الموظفين)، كما يجب أن لا ننسى بأن العلاقات العامـة تعتبر أساسية في تنظيم القرارات والاستراتيجيات، كما أن لدائرة العلاقات العامة دور في وضع الترتيبات مثل تأشيرات الـدخول والعمـلات الأجنبية ووسائل النقل وغيرها من المهام التي تختص بها المنظمات الحكومية.

كما أن لقسم العلاقـات العامـة دور في إصدار البيانات الصحفية، كمـا أنهـا الأسـاس في تنظيم المؤتمرات الصحفية، كما أنها مسؤولة عن النقل والضيافة.

كما أن لقسم العلاقات العامة دور أساسي في المشاركة في المعارض التجارية، والتعـرف عـلى آراء الجمهور حول السياسات العامة للدولة المتبعة.

أن قسم العلاقات العامة يقوم بصورة مستمرة بمراقبة شركات القطاع العام ومؤسساته، كما أنه يقوم بمتابعة وتقييم السياسات وتنفيذ البرامج لاهدافها، لكل هذا فإن للعلاقات العامة دور أساسي في النمو الاقتصادي في البلاد. كما أنه من اللافت بأن جميع الدول غير قادرة على تجاهل الرأي العام، لذلك يجب تطوير عملية الاتصال بين الجمهور والدولة، ولا يكون ذلك من خلال إعلام الناس حول سياسات الدولة وبرامجها فقط بل يجب التعرف من خلال إجراء الدراسات لمعرفة ردود الفعل للجمهور، وهذا يتطلب مهارات معينة مختصة والاستعانة بخبراء وكذلك بوسائل الإعلام من أجل بناء صورة وسمعة إيجابية دائمة عن البلاد.

نموذج تطبيقي من العلاقات العامة والإعلام

في الهند (VSNL)

تعتبر شركة فيدش سانشار تيجام المساهمة العامة المحدودة من ابرز شركات الاتصالات العاملة في الهند، ولها سمعة كبيرة، وهي بوابة الهند على العالم، وهي تقوم بخدمات جليلة من خلال " تقديم خدمات الاتصال السلكية واللاسلكية بكفاءة للمواطنين وبتكلفة معقولة ، وشعارها دائماً " رضا العملاء "، كما أن من أهدافها أيضاً هو " تقديم حزمة من الخدمات المتكاملة في مجال الاتصالات السلكية اللاسلكية، وذلك عن طريق ربط مواطني الهند بجميع أنحاء العالم، كما تقوم بالحفاظ على درجة عالية من الثقة بين عملائها، كما أنها تقوم برفع كفائتها باستمرار من خلال متابعة التطورات التكنولوجية الحديثة ". ويبقى شعار الشركة هو الاهتمام بالعملاء.

أهداف العلاقات العامة في شركة (VSNL):

ويقوم قسم العلاقات العامة في الشركة بتقديم دراسات متأنية حول العملاء للشركة، كما أنه يقوم بالحفاظ على التفاهم المتبادل بين الجمهور والشركة، كما أنه يعمل على إبقاء العلاقة الطيبة بين الموظفين والشركة أيضاً.

مسؤوليات العلاقات العامة في شركة (VSNL):

يمثل مبنى العلاقات العامة في الشركة واجهة المبنى الرئيسي للشركة، ويعكس شكل المسؤولية الجليلة من خلال رسم صورة جيدة للجمهور والزبائن حول المنظمة ويقصد بالجمهور هنا الداخلي أو الخارجي، كما أن هذا القسم مسؤول عن مواكبة أساليب الدعاية المعاصرة، وابتكار أفكار جديدة لتعزيز مكانة الشركة من خلال العلاقات العامة.

أن العلاقات العامة هي حلقة الوصل بين المنظمة والجمهور، وإن نجاح هذا القسم يمثل نجاح الشركة، ومن أجل ذلك يجب تبني أساليب إعلامية مبتكرة وحديثة.

كما أن قسم العلاقات العامة في الشركة يستخدم وسائل الإعلام المختلفة من صحافة وإذاعة وتلفزيون من أجل إيصال الرسائل المطلوبة إلى المواطنين.

الوسائل المستخدمة من قبل شركة (VSNL) في مجال العلاقات العامة:

تقوم العلاقات العامة في الشركة بعدة نشاطات عن طريق وسائل الإعلام المختلفة مستخدمة معيارين الأول القصير والثاني الطويل.

أولاً: المعيار القصير في العلاقات العامة، ويتمثل في ما يلي:

1- نشر الأنشطة التي تخص الشركة في الأخبار بشكل يومي: ويتم ذلك عن طريق التعاقد مع الوسائل الإعلامية الأكثر متابعة من قبل الجمهور ويتم التعاقد مع الوسائل بإدراج إعلانات معينة تخص الشركة بشكل يومي.

2- المقابلة وجهاً لوجه مع المجتمع: ويتم ذلك من خلال الحديث عن المنتجات والخدمات التي تقدمها، ويتم التعرف على آراء الجمهور حول الخدمات المقدمة لهم، ويتم ذلك عن طريق المقابلة.

3- الطريقة الغير مباشرة: ويتم بالتعرف على اتجاهات الجمهور من خلال أخذ عينة عشوائية وتوزيع استبانة للتعرف على آرائها حول الخدمة المقدمة.

4- النشر: عن طريق الكتابة عن المنتجات التي يتم تقديمها من قبل الشركة، ويتم استخدام وسـائل الإعلام المختلفة للترويج عن الخدمات التي تقوم بها الشركة.

5- العلاقة مع الصحافة: ويتم التعرف على توجهات وشعور الجمهور حول الخدمة المقدمة من قبل الشركة، ويتم تمرير البرامج ومزايا الخدمات المقدمة عن طريق وسائل الإعلام المختلفة.

6- المعلومات عن الشركة: ويتم من خلال ذلك التعرف على العاملين في الشركة وكفائاتهم كـما يـتم اتباع أساليب من أجل تحفيز العاملين للقيام بواجباتهم بأسلوب كفوء، وتتبع المؤسسة مجموعة من النقاط من أجل مراقبة أداء الموظفين وهي:

أ-وضع نظام مسائلة جيد إذ يجب مـن خـلال ذلـك ضمان عـدم التهـاون بالعمـل مـن قبـل الموظفين.

ب-الحفاظ عـلى إرشـيف خـاص بـالموظفين: يتم مـن خلالـه الاحتفاظ بكافـة المعلومـات عـن الموظفين (مثل مؤهلاتهم وخبراتهم).

ج-المكتبة الخاصة بالشركة: من خلال هذه المكتبة تقوم الشركة بتزويـد موظفيها بكـل مـا هـو جديد من العلم، كما أن في المكتبة فرع خاص للضيافة.

ثانياً: الخطط الطويلة الأجل:

1- الإعلان: إذ يقوم قسم العلاقات العامة في الشركة بتولي مهمة الإعلان في الصحف ووسائل الإعلام المختلفة عن الخدمات التي تقوم الشركة بتقديمها. ويعد الإعلان أحد أهـم الوسـائل في تعريـف الجمهور بالخدمات المقدمة من قبل الشركة.

2- المجلات البيتية: كما تنتهج الشركة اسلوب الإعلان عن المؤسسة عن طريق المجلات البيتية. والتي تصدر أسبوعياً أو شهرياً.

3- وسائل الإعلام الخاصة: ويتم ذلك من خلال عقد الندوات والمؤتمرات المختلفة عن الشركة ويتولى هذه المهمة قسم العلاقات العامة في الشركة.

4- الصحافة العامة والمؤتمرات العامة: إذ يتم استخدام الصـحافة العامـة في الإعـلان عـن الخـدمات التي تقوم بها المؤسسة.

5- المعارض: يتم تنظيم معارض خاصة للشركة، ويتم الحديث من خلال هـذه المعـارض عـن المزايا التي تقدمها الشركة

6- الراديو والتلفزيون: كما يتم استخدام الراديو والتلفزيون من أجل التعرف علـى نوعيـة الخـدمات المقدمة للجمهور.

7- التغذية الراجعـة: عن طريق وسائل الإعلام المختلفة يتم التعرف علـى وجهـات نظـر الجمهور حول الخدمة المقدمة ومـن خلالهـا أيضاً يمكـن التعـرف علـى احتياجات الجمهـور المستقبلية ومواكبة هذه الاحتياجات وتلبيتها، وعن طريق التغذية الراجعة يتم:

أ- تحليل مدى الرضا للزبائن.

ب-فحص توجهات وآراء الزبائن.

ج-التعرف على توجهات الجمهور.

د- التعرف على الاحتياجات المستقبلية للجمهور.

8- أفلام سمعية وبصرية: يتم عمل برامج وأفلام وصـور وموسيقى حـول الخـدمات التـي تقدمها الشركة. إذ يتم اعتماد شركات متخصصة من أجل عمل أفلام وبرامج تخص الشركة وتتحدث عـن المزايا المقدمة من قبل الشركة.

9- الرعاية: تقوم الشركة برعاية برامج إذاعية أو تلفزيونية، ويكون الهدف منها:

أ-إيجاد علاقة طيبة مع الزبائن.

ب-إحساس الزبائن بأن الشركة تقوم باعمال شريفة وفاضلة.

ج-تجميل صورة الشركة في أذهان الزبائن.

د-المساهمة في حملة لدعم الإعلان.

التحليل الاستراتيجي للعلاقات العامة

يتم توزيع استبانات على عينة يتم اختيارها بأسلوب عشوائي، لمعرفة اتجاهات القطاعين العام والخاص حول أداء الشركة، ومن أجل التعرف على احتياجات المجتمع المتزايدة، ومحاولة تلبية احتياجاتهم.

لذلك هناك نقاط يجب تسليط الضوء عليها:

أولاً: القوة:

حيث يجب التعرف على إمكانيات الشركة إذ يقوم قسم العلاقات العامة بوضع الخطوط العريضة المعبرة عن قدرات المؤسسة، ومدى إمكانياتها على المنافسة مع الشركات الأخرى المشابهة في تقديم الخدمة. كما تبرز هنا أهمية وسائل الإعلام في تطوير صناعة العلاقات العامة. لما لها من دور أساسي في الإقناع المستمر للجمهور حول الخدمات التي تقدمها الشركة.

ثانياً: تحليل البيانات:

ويتم التعرف على توجهات الزبائن من خلال عمل استبانة يتم توزيعها بأسلوب عشوائي، وقد قامت الشركة بتوزيع الاستبانة حول أهمية العلاقات العامة وكانت النتيجة أكثر من 90% يثمنون عالياً الدور الذي تقدمه العلاقات العامة في دوام واستمرار الشركة ونجاحاتها.

ثالثاً: الضعفاء والكادحين:

وجد أن العلاقات العامة تلعب دوراً أساسياً في جلب انتباه الضعفاء والكادحين مـن الشـعب. وكثير من السياسات التي تقدمها العلاقات العامة تكون موجهـة إلى الضعفاء والطبقة الكادحة في المجتمع من أجل عدم زيادة الأعباء المالية عليهم. كما أن الشركات تعمـل دور محوريـاً وأساسياً في عملية التنميـة الشاملة في البلاد.

رابعاً: انتهاز الفرص:

هناك أسلوب جديد في العلاقات العامة وهو انتهاز الفرص، فيجب على الشركة أن تكون قـادرة على انتهاز الفرص وقت حدوثها، فمثلاً، إجراء مباراة فاصلة في لعبة معينـة تمكن من خلالها الشركة وضع إعلانات ذات فائدة ومغزى من أجل شرح الخدمة التي تقوم بتقديمها للجمهور.

خامساً: التهديـــد:

يجب على الشركة ان تكون قادرة على مواجهة الأخطار المحدقة بها لا سيما مـن قبـل الشـركات المنافسة لها، ويجب على الشركة الاحتفاظ بالميزة التنافسية وتتمثل هذه الميزة التنافسية باتبـاع الأسـاليب المتطورة والمبتكرة في استثمار وسائل الإعلام، كما تتبع أسلوب جديد في تحفيز الأيدي العاملة لديها وكذلك، اختيار الأكفاء في شغل المناصب الإدارية، كما يجب عليها اتباع مبدأ الجودة الشاملة في تقـديم الخدمة أو المنتج الذي تقدمه.

الفصل الثامن

صعوبات العلاقات العامـة:

من الساعة التاسعة صباحاً تقوم آن ماري والتي تعمل مـديرة العلاقـات العامـة في مدينـة سـان فرانسيكسو، بالذهاب إلى العمل وأول ما تقوم به هو فتح جهاز الكمبيوتر الخاص بهـا، وتقـوم بـالنظر إلى كثير من الصحف على الإنترنت كما أنها تقوم بتفقد الرسائل التي تصلها عبر البريد الإلكتروني، إذ تلاحـظ في بعض الأحيان أن هناك عدة تقارير تصلها فمثلاً تقـارير عـن التـورط الأمـريكي في احـتلال العـراق، وكـذلك أخبار جديدة عن مرض الإيدز مثلاً، تقوم بترتيب الأعمال التي ستقوم بعملها مـن خـلال الملاحظـات التـي تجدها على الكمبيوتر، وبعد عودتها إلى البيت تلاحظ وجود عدة رسائل قصـيرة مرسـلة لهـا عـبر الهـاتف، مثل رسائل عن حفل استقبال، أو افتتاح معرض ما أو عمل بيان صحفي أو تسجيل فيديو وما شابه.

تقوم ماري بتناول طعام الغداء ويمكن أن يكون في يوم ما طعام عمـل مـع وفـد مـن الشركات، ويتناقشون حول مواضيع معينة، ويمكن ترتيب مؤتمر صحفي عـن الأسـلحة الكيميائيـة، كـما تقـوم مـاري بوضع اللمسات الأخيرة مع مجموعة من الأعضاء حول موضوع الألعاب الأولمبية.

هذه مقتطفات من الأعمال التي تقـوم بهـا السـيدة أن مـاري والتـي تعمـل مـديرة العلاقات العامة نلاحظ أنها أعمال كثيرة وأهم شيء تحتـاج إليـه مـاري هـو التنسـيق ووضـع اللمسات الأخيرة.

أن مهنة العلاقات العامة صعبـة وهي ترتكز على مجموعة من العناصر أولهـا تتركـز في الشخصية والأمر الثاني يتركز بالوسـيلة، فالشخصـية يجـب أن تكـون قـادرة عـلى التفـاوض والإبداع والابتكار، ومحاولة حل المشكلات في حال حدوثها، كما يجب أن تكون هنـاك وسـائل إتصالات متطورة لمحاولة الإحاطة بمجمع المعلومات، وقد صدر عن

المكتب الأمريكي للإحصائيات بأن هناك تقديرات بأنه تم توظيف حوالي200.000 شخص في مهنة العلاقات العامة في أنحاء البلاد(أمريكيا) في عام 2006 وحده، ويمكننا القول بأن مهنة العلاقات العامة سجلت أعلى نمواً في التخصصات التي تلاقي رواجاً وإقبالاً بعد العام 2006، كما ن الأوضاع المعيشة لهم أصبحت جيدة.

الهدف العالمي:

ربما من الصعب تقدير أرقام العاملين في مهنة العلاقات العامة في جميع أنحاء العالم، ولكن يمكن حصر المنظمات المختصة بالعلاقات العامة حوالي 150 جمعية وطنية وإقليمية للعلاقات العامة على مستوى العالم، وهناك موقع عالمي للعلاقات العامة وهو (www.globalpr.org)، وقد تم ربط هذا الموقع مع حوالي (60) جمعية، ويقدر الأعضاء المسجلين في هذا الموقع أكثر من (150.000) شخص، وتجاوز الأعضاء المنتسبين لجمعيات العلاقات العامة ثلاث ملايين شخص في جميع أنحاء العامل، وربما يمكن أن ينتسب حوالي 360.000 شخص، ومن أبرز جمعيات العلاقات العامة خارج الولايات المتحدة (معهد أفريقيا "بريسا") وجمعية العلاقات العامة في موريشوس، ومعهد استراليا (بريا)، والإتحاد الإيطالي للعلاقات العامة (EERPI).

وجمعية الكندي للعلاقات العامة (وهي مهتمة أيضاً بالبحوث والدراسات السياسية)، وجمعية العلاقات العامة في تنزانيا (برا) ومعهد للعلاقات العامة في بريطانيا (المملكة المتحدة)، والرابطة الرومانية، ورابطة وكالات المكسيك (RRAA). وهناك أعداد كبيرة من الجمعيات في أنحاء العالم ويتم الاهتمام بتدريس العلاقات العامة خصوصاً في كاليفورنيا حيث تدرس تخصص العلاقات العامة. وهناك في الولايات المتحدة الأمريكية وحدها حوالي 200 جامعة وإعداد كثيرة من شركات الكبرى مهتمة بمهنة العلاقات العامة، كما أن هناك 80 جامعة من الجامعات الأوروبية تعمل على تدريس هذا التخصص. ولا ننسى الجامعات الآسيوية فهناك كثير من الجامعات الآسيوية تقوم

بتدريس تخصص العلاقات العامة في الجامعات والكليات المختلفة وكما أن هناك معاهد وكليات متخصصة مهتمة بتدريس تخصص العلاقات العامة.

ويمكن القول بأن موضوع العلاقات العامة من المواضيع الراسخة والأساسية التي تدرس في الجامعات العالمية المهمة، إذ نلاحظ بأن الاقتصاد في الولايات المتحدة مرتكزاً أساساً على العلاقات العامة، ويلاقي انفاقاً يقدر بحوالي 141 مليار دولار سنوياً، ويتوقع أن تنمو صناعة العلاقات العامة في الولايات المتحدة أكثر من غيرها من القطاعات (ما عدا الاتصالات) لا سيما وأن نموها فاق 9% في عام 2008، لأن هذه المهنة تلقى رعاية من قبل الحكومة الأمريكية.

أما بالنسبة للإنفاق على العلاقات العامة في الدول الأخرى فهي غير واضحة، إلا أنه من المتوقع أن الشركات الأوروبية تنفق ما يقرب 3 مليارات دولار سنوياً على العلاقات العامة، وبالنسبة للولايات المتحدة الأمريكية أكثر من 3.5 مليار دولار سنوياً. ونلاحظ أن هناك نمواً في الأسواق الروسية والدول المستقلة الحديثة عن الاتحاد السوفيتي السابق. كما نلاحظ أن هناك نمواً لا بأس به في آسيا، كما أن الاقتصاد الصيني يتزايد بشكل مطرد ويقدر بحوالي 10% سنوياً، وصناعة العلاقات العامة مزدهرة هناك أيضاً، وكما أن هناك تسارع كبير في العلاقات العامة في كثير من الدول الآسيوية مثل (الهند، وتايلاند، وسنغافورة، واندونيسيا)، وكذلك تشهد توسع سريع في اقتصاد السوق الحر لهذه البلدان، كما لوحظ أن هناك نشاط غير مسبوق في مجال العلاقات العامة في قارتي أمريكا اللاتينية وأفريقياً، ومتوقع للعلاقات العامة أن تشهد نمواً غير متوقع في الأعوام القادمة.

فهم متنوع للعلاقات العامة:

كثير من الأشخاص يقرنون العلاقات العامة بالإعلانات والتقنيات والإبتكارات الجديدة، مثل الإعلان في الصحف، والمقابلات التلفزيونية، أو الناطق باسم الحكومة، أو أحد المشاهير في حفل معين. فكثير من الأشخاص لا يمكنهم لحد الآن فهم ما تعنيه

العلاقات العامة بشكل أساسي، لذلك يجب عليهم البحث والتحليل والتعرف على ذلك وينطبق ذلك أيضاً من خلال سؤال أعداد كثيرة من الجماهير. ويلاحظ أن العلاقات العامة مقترنة بمستويين مختلفين وهي تقديم الاستشارات لمدراء المنظمة والإدارة العليا كذلك، نشر الرسائل في القنوات الإعلامية المتعددة. وهناك عدة تعاريف للعلاقات العامة أبرزها التعريف التالي وهو من التعاريف الأولى للعلاقات العامة ولاقت قبولاً واسعاً (رغم تحفظنا عليه) * ، ألا وهو: " العلاقات العامة هي وظيفة إدارية تعمل على تقييم السياسات والاستراتيجيات المتعلقة بالمنظمة ومن خلالها يتم تحديد السياسات والإجراءات التي ينبغي على الفرد والمنظمة كذلك أن تتبعها والتي تحقق المصلحة العامة للمنظمة، وكذلك العلاقات العامة تعمل على تخطيط وتنفيذ برامج من أجل كسب ثقة وود الجمهور بالمنظمة ".

وجاء في تعريف العلاقات العامة لدى جمعية العلاقات العامة الأمريكية (PRSA) ويعتبر من أهم التعاريف للعلاقات العامة، بأنها: " وظيفة الإدارة المميزة والتي تساعد الإدارة على ربط خطوط الاتصال المتبادل بين المنظمة والجمهور وتعمل على كسب قبول وولاء الجمهور " ويمكن التعاون بين المنظمة والجمهور على معالجة كل المشاكل أو القضايا التي تعتري الطرفين، إذ تقوم المنظمة بتلبية حاجات الجمهور ".

ويمكن النظر إلى العلاقات العامة بأنها جهاز الإنذار للمنظمة، إذ تقوم العلاقات العامة بتوقع اتجاهات الجمهور وكذلك الظروف الحرجة التي يمكن ان تمر على المنظمة، لذلك يجب أن تكون العلاقات العامة مقترنة بأجهزة اتصالات متقدمة، وذلك من أجل توقع المتغيرات التي يمكن أن تطرأ لدى الجمهور.

وهناك تعريف حديث للعلاقات العامة ورد في كتاب آلن وغلين والذي يعمل مدرساً للعلاقات العامة إذ يعرف العلاقات العامة بأنها: " العلاقات العامة هي مهنة

---

* يرى المؤلف أن دور العلاقات العامة الاتصالي أكبر وأكثر وضوح من دورها الإداري.

إدارية تعمل على الحفاظ على علاقات متبادلة بـين الجمهور والمنظمة مبنية عـلى المصلحة المشتركة والمنفعة المتبادلة بين الطرفين ويتوقف نجـاح أو فشل المنظمة عـلى اتجاهات الجمهور نحو المنظمة " وقد ذكر جيمس جرونج وتود هنت بـأن العلاقات العامة هـي: "إدارة الاتصال بـين المنظمـة والجمهور". (وهذا نفس ما يراه المؤلف)

وهناك تعريف آخر قدمـه أسـاتذة جامعـة لـورانس " ديليـو وفتسـنت هزلتـون"، وقـد عرفـوا العلاقات العامة بأنها: " وظيفة إدارية مرتبطة أساساً بالاتصالات والتي تعمل مـن أجل المواكبـة والتكيـف مع الظروف المتغيرة ومحاولة كسب والمحافظة على العملاء من أجل تحقيق أهداف المنظمة " ويمثل هـذا التعريف أحدث التعريفات للعلاقات العامة، إذ يعتمد هـذا التعريف عـلى الإقنـاع، كـما يجـب أن تقـوم المنظمة بفتح وتشجيع أبـواب أخـرى لمنتجاتهـا وخـدماتها، والعمـل عـلى التواصـل المتبـادل بـين المنظمـة والجمهور، وأيضاً قدرة المنظمة على التكيف مع التغيرات التي يمكن أن تحـدث ليـس فقـط مـع الجمهـور المستهدف كذلك الأمر بالنسبة للأوضاع السياسية والاقتصادية في العالم ككل".

إن الفكرة المتجذرة في العلاقات العامة والتي تعتبر أساسية هـي بنـاء علاقات وديـة متبادلـة بـين المنظمة والجمهور من خلال مصلحة متبادلة، إذ يجب أن تكون السياسات والإجـراءات التنظيميـة للشركة مبنية على فهم مصلحة الجمهور.

كما يجب أن نلاحظ بأن العلاقات العامة تعمل على التعرف أول بـأول عـلى طبيعـة الوضـع في المنظمة والمشاكل التي يمكن ان تواجه العاملين فيها. وخير مثال عـلى ذلك، قيام صاحب مصنع أحذيـة (نايكي، ويبوك) وهي أحذية مخصصة لممارسة الرياضة، قام بدراسة الوضع السيئ الـذي آل إليـه المصـنع فلاحظ أن هناك أوضاع سيئة يعيشها العمال في المصنع كما أن هناك ضعف في استخدام الإعلان المناسب للمصنع، مما حدا بصاحب المصنع بأن يقوم بعدة إجراءات تصحيحية من أهمها تحفيز العمال عـلى الأداء الأفضل كما انه قام باختيار وسيلة إعلان مناسبة من اجل ترويج مبيعاته.

وفي هذا المثال نلاحظ أن صاحب المصنع قام بتحسين أوضاع العاملين كما قام بتخصيص ملابس خاصة للعمال بوضع العلامة التجارية للمصنع على الملابس، كما عمل على تغيير وسيلة الإعلام المستخدمة، كما أن العمال حصلوا على ظروف أفضل للعمل، إن أهم المرتكزات التي قام صاحب المصنع بتغييرها كانت عن طريق قسم العلاقات العامة في المصنع.

لقد قامت المنظمة الوطنية للعلاقات العامة (PRSA)، بوضع مقتطفات لتعريفات العلاقات العامة حول أنحاء العالم المختلفة وهي:

- العلاقات العامة هي أسلوب مدروس ومخطط له مبني على بذل جهد مستمر، والحفاظ على التفاهم المتبادل بين الجمهور والمنظمة (هذا تعريف للمعهد البريطاني وكثير من جمعيات العلاقات العامة في مختلف أنحاء العالم).

- العلاقات العامة هي عبارة عن جهد مستمر ومنظم إذ تسعى الإدارة العامة على إقامة علاقة ود وتفاهم بين الجمهور بأسلوب بارع (تعريف للمعهد الدنماركي للعلاقات العامة).

- العلاقات العامة هي عبارة عن فن مرتبط بالعلوم الاجتماعية المختلفة من خلال تحليل اتجاهات الجمهور وتوقع اتجاهاتهم نحو الخدمة التي تقدمها المنظمة، وهي التي تقوم بتقديم المشورة إلى المدراء في المنظمة " (التعريف معتمد لجمعية مكسيكو سيتي في عام 1978).

- العلاقات العامة هي عبارة عن النشاط المستمر في الحصول على المعلومات حول ردود أفعال الجمهور، ومحاولة إيجاد حلول للمشاكل التي تعتري المنظمة من خلال وضع استراتيجية مبنية على أسس مدروسة".

من خلال هذه التعريفات نلاحظ أن هناك عدة أمور مشتركة يمكن إيجازها بالآتي:

- العلاقات العامة هي عملية مدروسة من خلال فهم طبيعة اتجاهات الجمهور والتزود بالمعلومات والاعتماد على التغذية الراجعة من وسائل الإتصال المختلفة

- عملية تخطيط: إذ تقوم العلاقات العامة برسم السياسات الواجب على المؤسسة إتباعها والمحاولـة على حل المشكلات التي يمكن ان تعتري المؤسسة.

- الإنجاز: تقوم العلاقات العامة بوضع مجموع من الأسس والسياسات التي مـن خلالهـا تعمـل علـى زيادة الإنجاز لدى المؤسسة.

- المصلحة العامة: تقوم العلاقات العامة بالتعرف على متطلبات الجمهور وتقـوم المنظمة بمحاولـة إشباع رغباتهم.

- الاتصال: إذ تقوم المنظمة بالتعرف على المتطلبات الجمهور من خلال التغذية الراجعـة.

- وظيفة إدارية: تقوم العلاقات العامة بتزويـد الإدارة بالمعلومـات، كمـا أنهـا تحـاول وضع الحلـول للمشاكل التي تعتري المنظمة.

يمكن تلخيص العناصر الأساسية للعلاقات العامة بالتالي: (التخطيط، حسن الأداء، اتصال فعال، وظيفة إدارية، عملية تفاعلية). ويلاحظ هنا أن الوظيفة الاتصالية تقدم على الوظيفة الإدارية.

مكونات العلاقات العامة:

إن العلاقات العامة تتكون من عناصر أربعة ويمكن وصفها بالمختصر (RACE)، والمختصر يتكـون مـن أربع أحرف، فحرف الـ R يعني البحث و حرف الـ A يعني أداء" برنامج تخطيط"، وحرف C يعنـي إتصـال، وحرف الـ E يعني تقييم /.

- البحث: ما هي المشكلة أو وضع المنظمة ؟

- تخطيط: ما يجب علينا أن نعمله حول مشكلة معينة ؟

- اتصال: ما رأي الجمهور بالخدمة التي تقدمها المنظمة ؟

- التقييم: الوصول إلى حلول تعمل على التأثير على الجمهور من خلال جذبهم للمنظمة ؟

والعلاقات العامة هي عبارة عن عملية مكونة من ست حلقات يمكن وصفها بالشكل التالي:

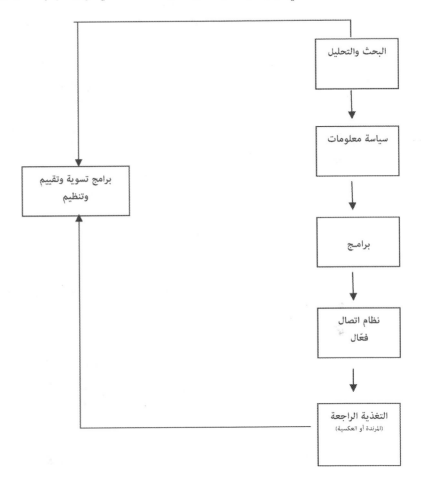

البحث والتحليل

سياسة معلومات

برامج

نظام اتصال فعّال

التغذية الراجعة
(المرتدة أو العكسية)

برامج تسوية وتقييم وتنظيم

كما أن العلاقات العامة عبارة عن تصور يمكن إيجازه بالخطوات التالية:

المستوى الأول:

1- العلاقات العامة تعمل على التعرف على الجمهور المستهدف ومحاولة جمع معلومات عنه.

2- العلاقات العامة تعمل على تحليل المدخلات وتقديم توصيات للإدارة.

3- العلاقات العامة تعمل بشكل رئيسي على وضع السياسات والقرارات للمنظمـة والتي يجب أن تأخذها بعين الاعتبار.

المستوى الثاني:

1- العلاقات العامة تقوم بوضع برامج قابلة للتنفيذ من أجل حسن سير العمل.

2- تعمل العلاقات العامة على تقييم فعالية وأداء الموظفين.

تعمل وحدة العلاقات العامة على جمع المعلومات عن الجمهور ومحاولة تحليل البيانـات مـن أجـل الوصول إلى التغذية الراجعة، ويتم الحصول على المعلومات من أساليب اتصال مبتكرة ومتطورة. ويجـب على المنظمة تحليل المعلومات التي توصلت إليها وحدة العلاقات العامة وأخذها بعين الاعتبار عند بنـاء استراتيجيات جديدة أو وضع سياسات جديدة.

أما بالنسبة لمهمة وحدة العلاقات العامة داخل المنظمة فإنها تقوم بتقييم أداء المـوظفين في المنظمـة، كما على موظفي العلاقات العامة وضع برامج لتحسين سير أداء العمل كما أن على عاتقهم وضع النشرـات الإخبارية، والمنشورات، والخطب، كما أن على وحدة العلاقات العامة أن تكون قـادرة عـلى إيجـاد الحلـول للمشاكل التي يمكن ان تعتري المؤسسة.

لهـذا كلـه فـإن وحـدة العلاقـات العامـة لهـا مسـؤولية كبـيرة في المؤسسـة فمسـؤولياتها تنظيميـة وتخطيطية، فهي تعمل داخل المؤسسة من خلال التعرف على أداء العـاملين في المنظمة، وتعمل خـارجها من خلال التعرف على اتجاهات الجمهور المختلفـة، كمـا تقـوم وحـدة العلاقـات العامـة بتقـديم المشـورة والنصح والتوصيات للإدارة العليا في المنظمة.

بعض الواجبات الأساسية للعلاقات العامة:

يمكن إيجاز الواجبات الأساسية للعلاقات العامة مـن خـلال الدراسـة التـي قـام بهـا المعهـد الـوطني للعلاقات العامة (PRSA) وتشمل:

- الإرشاد: من خلال تقديم المشورة للإدارة العليا في المنظمة بشأن السياسـات التـي علـى المنظمـة اتباعها.

- البحـث: من خلال تحديد المواقف والاتجاهات والسلوكيات للجمهور من أجل وضع تصور عام للخطط الاستراتيجية التي علـى المنظمة اتباعها وتقـوم هـذه الاستراتيجية علـى محورين المحور الأول: هو المصلحة المتبادلة بين الجمهور والمنظمة، أما بالنسبة للمحور الثاني فيتمثـل: في التـأثير وإقناع الجمهور، كما تقوم العلاقات العامة باستخدام وسائل الإعلام المختلفة مـن أجـل الحصـول على المعلومات وتحقيق مصلحة المنظمة.

- التخطيط لوضع إعلانات دعائيـة في وسائل الإعلام المختلفـة وذلك لجلب المزيـد مـن المصـلحة للشركة.

- الموظفين: وذلك من خلال التعرف على حسن أداء العاملين في المنظمة.

- العلاقات المجتمعية: وذلك من خلال إيجاد علاقة وصلات قوية بين المنظمة والمجتمع من خـلال وضع مجموعة من النشاطات تعمل على إثراء سمعة المنظمة بالنسبة للجمهور.

- العلاقات الحكومية: ويتم ذلك من خلال التعرف على التشريعات القانونيـة التـي تهـم المنظمـة والتعرف على الهيئات الحكومية التي لها علاقة مباشرة بالمنظمة.

- معالجة القضايا: تقوم المؤسسة بمحاولة معالجة القضايا التي تخص الجمهور.

- العلاقات المالية: من خلال المحافظة على ثقة المستثمرين والمساهمين في المنظمة والحفاظ علـى علاقات جيدة معهم.

- المناسبات الخاصة: من خلال العلاقات العامة تقوم المنظمة بالتفاعل مع الجمهور في مناسباتهم الخاصة.

- التسويق والاتصالات: من خلال مزيج من الأنشطة بين المنتج (أو الخدمـة) و الدعايـة والترويـج وتنظيم المعارض التجارية.

إن جمعيات العلاقـات العامـة منتشرة اليـوم في مجمل أنحـاء العـالم، وهنـاك أشخاص كثـيرون منتمون إلى عضوية هذه الجمعيات.

الفصل التاسع

وصف إيجابي لمجالات العلاقات العامة
أوجه الاختلاف بين العلاقات العامة والصحافـة
الهدف
الموضوعيـة
الاستماع ومواجهة الجمهور
القنــوات
الاختلافات بين العلاقات العامة والإعلان
اختلاف العلاقات العامـة عن التسويق
كيف يمكن أن تقوم العلاقات العامة بدعم التسويق
نحو منظور استراتيجي متكامل
العمل في مجال العلاقات العامـة
التركيز على التغيير في العلاقات العامة
مجال عمل العلاقات العامة
المؤهلات الشخصية والمتطلبات
الرواتب لمهنة العلاقات العامة
النفقات الداخلية
رواتب المحترفين وذوي الخبـرة
راتب المرأة (الفجوة (الفرق) في الجنس)
جدوى وقيمة العلاقات العامة

وصف إيجابي لمجالات العلاقات العامة:

في آخر تقرير لشركات العلاقات العامة والذي كتبه أودويرس في مجلة (فورتن) أشار التقرير إلى أكبر 500 مؤسسة في العالم، احتلت المرتبة الأولى شركات الاتصالات بحوالي (165) شركة ثم يليها شركات العلاقات العامة بحوالي (64) شركة.

ويعد الإعلان الوسيلة الأكثر استعمالاً لإخبار الجمهور عن الخدمات والمنتجات التي تقدمها المنظمة، لذلك يجب أن يكون الإعلان مقنعاً لدى الجمهور، ويجب استخدام مصطلحات شعبية من أجل سهولة فهمها من قبل الجمهور، كما يجب انتقاء العبارات اللطيفة المناسبة.

كما يجب أن يكون في الشركة قسم خاص من أجل تحليل البيانات وكذلك تقييم النتائج ووضع سياسات واستراتيجيات مستقبلية للمنظمة، كما يجب على المنظمة استخدام وسيلة إعلام فعالة من أجل التواصل مع الجمهور.

أوجه الاختلاف بين العلاقات العامة والصحافة:

هناك أمور مشتركة في كلا الجانبين، فمثلاً تقوم المهنتين على إعداد المقابلات مع الجمهور، ووضع المواعيد المحددة، وتقوم المهنتين على جمع المعلومات عن الجمهور، ومن هذا المنطلق نلاحظ أن كثيراً من الصحفيين قاموا بتغيير مهنتهم وتوجهوا إلى مهنة العلاقات العامة. على الرغم من التشابه الكبير بين مهنتي العلاقات العامة والصحافة، إلا أن هناك اختلاف جوهري في الهدف، فكلا الجانبين لديه هدف يختلف عن الآخر ويمكن الإشارة إلى بعض أوجه الاختلاف:

أولاً: الهدف:

تهدف العلاقـات العامـة إلى محاولـة التعـرف عـلى اتجاهـات الجمهـور وجمـع المعلومـات التـي تتضمن هذه التوجهات ومحاولـة وضـع أطـر منهجيـة تعمـل عـلى التقيـيم والمعالجـة والقـدرة عـلى حـل المشاكل، أما بالنسبة للصحافة فإنها مهتمة بالذي حدث وليس لها استراتيجيات من أجـل تقيـيم وتصحيح ما يحدث.

ثانياً: الموضوعيـة:

يتمثل الغرض الأساسي للصحفيين هو محاولـة جمـع المعلومـات عـن الأحـداث ومحاولـة طرحها للجمهور على شكل "أخبار"، وتتمثل جميع الجهود التي يقوم بها الصحفي في إيصال المعلومـة للجمهـور، أما بالنسبة للعلاقات العامة فليس هدفها الإبلاغ فحسب وإنما أيضاً محاولة تغيير المواقف التي حدثت .

ثالثاً: الاستماع ومواجهة الجمهور:

الصحافة تحاول أن تقابل الجمهور بمختلـف أطيافـه ويهمهـا نقـل الحـدث في المقـام الأول، أمـا بالنسبة للعلاقات العامة فهي مهتمة أيضاً بـالجمهور بشـكل فعـلي فهـي تقـوم بتحديـد الجمهـور بدقة ومحاولة التعرف على شخصياتهم وأنماطها، وذلك من أجل وضع ورسم استراتيجية فعالـة.

رابعاً: القنـــوات:

تستخدم العلاقات العامة مجموعة من القنوات للوصول إلى الجمهور من خـلال وسـائل الإعـلام المختلفة سواء كانت " الإذاعة والتلفزيون، والنشرات، والملصقات، والنشرات والمجلات، والمناسبات الخاصة، أو عن طريق نشر رسائل على شبكة الإنترنت.

كما أن الصحفي يقوم بجمع المعلومات بطريقة مشابهة للعلاقات العامة، ويقوم بتزويد هـذه المعلومات إلى قنوات الأخبار، ولكن ليس بالضرورة نشر المعلومات التي قام

بجمعها الصحفي، فهذا الأمر عائد للمحرر المسؤول عن الصحيفة، وفي حال الموافقـة علـى نشر ـ المعلومات يقوم الكاتب بالكتابة في مكان مخصص في الصحيفة يكون محدد بعدد من السانتيمترات.

الإختلافات بين العلاقات العامة والإعلان:

هناك خطأ شائع بين كثير من الناس في المساواة بين الإعلان والعلاقات العامة، رغـم أن العلاقـات العامة تحاول الاستفادة من وسائل الإعلان لنشر المعلومات.

ويمكن إجمال هذه الاختلافات بالنقاط التالية:

- الإختلاف الجوهري يتلخص بأن نطاق عمل الإعلان يتمثل في منحى ثابت وهـي وسـيلة الإعـلام الخاصة (المجلة محددة أو قناة فضائية محددة وغيرها)، بينما العلاقات العامة تقـوم باسـتخدام أكثر من وسيلة اتصال للوصول إلى الجمهور

- الإعلان يعتمد بشكل مباشر على الجمهور الخارجي وهـو المصـدر الأساسي لوسيلة الإعلام أمـا بالنسبة للعلاقات العامة فإنها تعتمـد علـى الجمهـور الـداخلي المتمثل (بالمساهمين بالمنظمة والمستثمرين والمدراء، ومجموعـات العمـل)، كـذلك يعتمـد علـى الجمهـور الخـارجي المتمثـل بالجمهور المستهدف.

- الإعلان يستخدم كأحـد وسـائل الاتصـال بالنسبة للعلاقات العامـة والهـدف منـه الوصـول إلى الجمهور ومن خلال الإعلان تقوم وحدة العلاقات العامة بجمع المعلومات التـي تحتاجهـا ثـم تقوم بمحاولة تحليلها واستنتاج العبر، ووضع الحلول والمقترحات.

إن العيب الرئيسي الوحيد في الإعلان هو التكلفـة، فمثلاً إن إعلان صفحة كاملة في مجلة باردي والتي توزع أسبوعياً تكلفتها حوالي 421.000 دولار وبطبيعة الحال هذا المبلغ كبير جداً.

اختلاف العلاقات العامة عن التسويق:

هناك تداخل بين العلاقات العامة والتسويق، فمثلاً أن كليهما يقوم بتوظيف وسائل الاتصال المشابهة من أجل الوصول إلى الجمهور، كما أن الهدف لكليهما هو الاستمرار والبقاء للمنظمة ومحاولة زيادة الأرباح المتوقعة للمنظمة.

إلا أن هناك اختلافات جوهرية بين كليهما، وقد حاول فريق من المدرسين في مجال العلاقات العامة والتسويق في جامعة ولاية سان دييغو في الولايات المتحدة الأمريكية إيجازها بالآتي:

- العلاقات العامة هي عملية اتصاليه إدارية هدفها الوصول والتعرف على اتجاهات الجمهور من خلال التعرف على السلوكيات الاجتماعية لديهم، ومحاولة تلبية الاحتياجات المتزايدة لديهم.
- أما بالنسبة للتسويق فإنها عملية إدارية تهدف إلى تحقيق الأهداف الاقتصادية للمنظمة والمحاولة لوصول إلى أسواق جديدة، ومحاولة إيجاد زبائن جدد وتعتمد خطط طويلة الأجل وكذلك قصيرة الأجل.
- كما أن العلاقات العامة تقوم بإيجاد وخلق علاقات عميقة مع الجمهور مبنية على المعاملة الحسنة والتمييز في تقديم الخدمة، أما بالنسبة للتسويق فإن العلاقة المادية هي الغالبة إذ يتمثل الغرض الأساسي من التسويق هو الحصول على الأموال.
- العلاقات العامة تعمل على توصيف الجمهور الذي سيقوم باستهلاك الخدمة أو المنتج، بينما هدف التسويق هو توصيل هذه الخدمة إلى الجمهور.
- العلاقات العامة يتمثل هدفها التعرف إلى الأسواق المستهدفة، أما التسويق فيعمل على توصيل المنتج إلى هذه الأسواق

كيف يمكن أن تقوم العلاقات العامة بدعم التسويق:

يبين فيليب كوتلر (أستاذ التسويق في جامعة نورث وسترن) بأن هناك عدة أمور تقوم بها وحدة العلاقات العامة في المنظمة لدعم التسويق في المنظمة، وهذه الأمور يمكن أن تنمي عملية التسويق في المنظمة، وقد بين كوتلر ثمانية أنشطة يمكن أن تقوم بها العلاقات العامة من أجل هذه الغاية وهي:

1- خلق آفاق جديدة من أجل تطوير المنتجات وإيجاد أسواق جديدة كذلك مـن خـلال الرؤيـة المستقبلية للعلاقات العامة.

2- استخدام الإعلان عن طريق الصحف والمجلات والراديو والتلفزيون من أجل الوصول إلى الجمهور وبما ينعكس على زيادة السلع المباعة.

3- المشاركة في وضع استراتيجيات وخطط جديدة من أجل زيادة التسويق.

4- تمهيد الطريق للبيع عن طريق الاتصال.

5- تنظيم الحملات الإعلانيـة في الوقت المناسب في حالة الركود.

6- التعرف على المبيعات الراكدة والتي لا تلاقي إقبالاً من الجمهور ومحاولة إيجاد مستهلكين جـدد لهذه السلع.

7- تعتبر العلاقات العامة مصدر رئيسي موثوق للمعلومات عن المنتجات التي تقدمها المنظمة.

8- المساعدة في بيع المنتجات الرائدة من خلال تخصيص ميزانية جديدة للإعلان.

وتعد هذه الأمور الثمانية الأساس الداعمة لعملية التسويق في المنظمة،

كما تقوم العلاقات العامة من أجل تحقيق أهداف المنظمة ببناء الثقة بـين الجمهور والمنظمـة، ومحاولة التعرف على الاتجاهات المستقبلية للجمهور، كما أنها تحاول إيجاد مناخ متكامل مقبـول لـدى المستهلكين من أجل المحافظة عليهم، كما تقوم العلاقات العامة باستقطاب مستهلكين جدد باستخدام مجموعة من الاستراتيجيات من أهمها تطوير المنتجات وكذلك استخدام الوسائل الإعلانيـة المبتكرة.

نحو منظور استراتيجي متكامل:

رغم أن هناك اختلافات بين التسويق والإعلان والعلاقات العامـة، إلا أن الهـدف واحـد وهـو البقـاء والاستمرارية للشركة من خلال جني الأرباح، ولكـن يجب أن تكون المنظمـة أكـثر إنجازاً باتبـاع أسـاليب متكاملة من خلال الاتصالات التخطيط والتسويق، مما يعمل على زيادة الميزة التنافسية (القيمة المضافة) للمنظمة، ومن خلال التكامل بين وحدات المنظمة المختلفـة تقـوم المؤسسة بتقيـيم الأداء لـديها وبالتـالي وضع استراتيجيات متكاملة من أجل حسن سير وأداء العمل.

كما يجب أن لا ننسى أهمية أداء العاملين لدى المنظمـة، فمن أجل القيام بمهـام المنظمـة يجب أن يكونوا أكفاء وذوي خبرة، فكثير من الاستراتيجيات لا يمكن بنائها إلا عن طريق أشخاص مـؤهلين وذوي خبرة. كما يجب على المؤسسة استخدام الوسائل الإعلانيـة الفعالـة مـن أجل الوصـول إلى جميـع فئـات الجمهور.

ومع اختلاف التخصصات (الإعلان، التسويق، الـترويج، العلاقات العامـة) إلا أنـه يجـب إنـدماج جميع وحدات وأقسام المنظمة مع بعضها البعض والعمل بفريق واحد متكامل، والشكل التالي يقدم تصور متكامل لتلاحم الوحدات والأقسام في المنظمة من أجل تحقيق أهداف المنظمة.

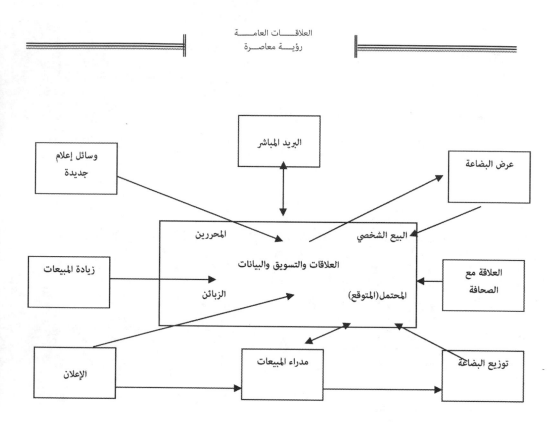

العمل في مجال العلاقات العامة:

تعد مهنة العلاقات العامة من المهن المتطورة، وتتنوع مجالات عملها، لذلك فإن هناك كثير مـن المهارات والصفات الشخصية يجب أن يمتلكها الشخص الذي يريد بالالتحاق بمهنة العلاقات العامة ومـن أهمها القدرة على الكتابة والمظهر اللائق والتميز بالعلاقات (سواء مع المستثمرين أو الشؤون الحكومية أو الشركات الخاصة) كما يجب على الشخص أن يمارس المهنة من أجل تطوير المهارات لديه واكتساب الخبرة.

التركيز على التغيير في العلاقات العامة :

إن مهنة العلاقات العامة متطورة ومتجددة، لذلك ينبغي على الشخص الممتهن هذه المهنة أن تكون لديه معرفة تامة بمهارات الكتابة والقدرة على التعامل مع وسائل الإعلام المختلفة.

كما نعلم فإن وسائل الإعلام اليوم كثيرة ومتنوعة لذلك يجب على الشخص الممارسة لمهنة العلاقات العامة أن يكون قادراً على التعامل معه هذه الوسائل، كما يجب على المنظمة أن تقوم بتدريب العاملين في العلاقات العامة على كل ما هو جديد في هذه المهنة كما يجب عليها إعطائهم دورات حول كيفية بناء العلاقات الودية.

كما يجب على المنظمة أن تقوم بزيادة رواتب العاملين في العلاقات العامة لان واجبات القائمين عليها أكبر من أي وظيفة أخرى في المنظمة.

وقد قام مجموعة من الممثلين للمعاهد وجمعيات العلاقات العامة الدولية بالاجتماع من أجل وضع منهاج للعلاقات العامة وقد استنتج هؤلاء بأن المنهاج يجب أن يحتوي على (مقدمة عن العلاقات العامة، ودراسة حالات للعلاقات العامة، القياس والبحث والتقويم في العلاقات العامة، حملات للعلاقات العامة والإدارة التخطيطية).

مجال عمل العلاقات العامة :

الرجال والنساء قاموا بالدخول في مهنة العلاقات العامة، كما أن الشخص الذي يعمل في مهنة العلاقات العامة سيقوم بالتعامل مع مجموعة من الشركات يمكن تقسيمها على النحو التالي :

- الشركات : إذ تقوم بجمع المعلومات عن الجمهور كذلك التعرف على حملة الأسهم والموظفين.

- المنظمات الغير ربحية : مثل الجمعيات التجارية والمنتديات الثقافية والمستشفيات.

- المنظمات الرياضية والسياحة والسفر : إذ يكون موظف العلاقات العامة على معرفة بهذه المنظمات.

- المنظمات الحكومية: وذلك من أجل التعرف على التشريعات المستجدة، وكذلك التعرف على القضايا السياسية.

- منظمات التعليم : مثل المدارس والمعاهد والجامعات.

- المنظمات الدولية للعلاقات العامة: إذ يجب التعرف على مجموعة من المنظمات الدولية لذلك يجب أن يكون يتمتع بمهارات اللغة (الترجمة).

المؤهلات الشخصية والمتطلبات:

يجب على الشخص الذي سيلتحق بمهنة العلاقات العامة التحلي بمجموعة مـن الصفات والتـي تعتبر الأساسية في مهنة العلاقات العامة ألا وهي :

أولاً: مهارة الكتابة : يجب أن يكون قادراً على الكتابة الصحيحة (إملائياً وقواعدياً).

ثانياً: القدرة على البحث : يجب أن يكون الشخص الممتهن للعلاقات العامة قادراً على البحث عن المعلومة من وسائلها المختلفة.

ثالثاً: الخبرة في التخطيط : أن يكون قادراً على وضع خطط مستقبلية للشركة.

رابعاً: القدرة على حل المشكلات : إذ يجب أن يكون قـادراً عـلى حـل المشكلات المعقـدة التـي يمكـن أن تواجهها المنظمة.

خامساً: التجارة وتحقيق الوفرة الاقتصادية : أن يكون على وعي وفهم للأمور التجارية التي تخص المنظمة.

الرواتب لمهنة العلاقات العامة :

كأي مهنة من المهن في المنظمة الشخص الذي يعمل في هذه المهنة يتقاضى راتباً، ويمكـن تقسـيم الرواتب التي تدفع في حقل العلاقات العامة بالآتي:

النفقات الداخلية :

ويتمثل هذا البند بالمصاريف التي تنفق على الإعلان وقد بين لي بيكير والـذي يعمل مدرسـاً في جامعة جورجيا في الولايات المتحدة كما أنه يعمل كصحفي وقد بين أن متوسط الإنفـاق في عـام 2004 لأي شركة، على الإعلانات سنوياً في وسائل الإعلام المختلفة كان يقدر بحوالي 28.000 دولار، ويمكن ان يقـل أو يرتفع هذا الرقم حسب وسيلة الإعلام المستخدمة، ويمكن تفصيل ذلك بالآتي :

إعلانات يومية في الصحف	$25.000
أسبوعياً	$24.000
في الراديو	$24.000
التلفاز	$22.000
البرقيات عن طريق التلفاز	$28.000
الإعلان	$27.000
المجلات المتخصصة للمستهلكين	$25.000
النشرات التجارية	$27.000
العالم الواسع (الشبكة العنكبوتية)	$32.000

رواتب المحترفين وذوي الخبـرة:

قد وصل راتب الخبير في شركة (بري ويك) سنوياً حـوالي 63.000$ دولار، ولكـن هـذا الراتـب قـد يختلف لمن لديه خبرة 20 سنة فقد يصل راتبه حوالي 103.000$ سنوياً، بينما وصل معدل راتـب المـرأة في هذا المجال 81.000$ سنوياً.

كما تختلف كل شركة عن الأخرى في دفع الرواتب فمثلاً يصل المعدل في (سان فرانسيسكو حوالي 82.759$ سنوياً، كما يصل راتب في (دينفـر حـوالي (62.229$، أمـا في (سـات لـويس يصـل حـوالي 61.773$) أمـا في أتلنتنا يصل حوالي 58.452$.

راتب المرأة (الفجوة (الفرق) في الجنس):

تقوم شركة (بر ويك) بدفع رواتب تختلف حسب الجنس فمثلاً معدل الراتب الذي يحصل عليه الرجل حوالي 79.307$، أما بالنسبة للمرأة فتحصل على حوالي 56.820$ أي أقل من الرجل بمعدل 28%.

كما أن العمر يلعب دوراً كبيراً في الرواتب التي قد تعطى للموظفين فمعدل الشخص الذي يعمل وعمره 21 إلى 26 سنة يحصـل عـلى راتـب حـوالي 36.571$ مقابـل 35.100$ للمـرأة، أمـا الأشـخاص ذوي الاعمار 27 إلى 30 فيحصلون على حوالي 59.146$ مقابل 53.202$ للمرأة أما الأشخاص الـذين يصـلون إلى أعمار 41 إلى 50 فيحصلون على راتـب مقـداره 103.600$ مقابـل 80.926$ للمرأئـة أي أقـل منـه بحـوالي 22%.

جدوى وقيمة العلاقات العامة :

إن العلاقات العامة في المنظمة مهم جداً فهي تقوم بمهمة جمع المعلومات عن الجمهور والتعرف على اتجاهاتهم نحو المنتج أو الخدمة التي تقدمها المنظمة، كما أنها تقوم بتـولي مهمـة الإعـلان في وسـائل الإعلان المختلفة، كما تقوم بالتواصل مع الجمهـور، وتقـوم كـذلك بتقـديم الخـدمات والإستشـارات لمـدراء المنظمة، وتعمل كذلك على وضع

خطط واستراتيجيات من أجل الـدخول في أسـواق جديـدة.ونظـراً لتعـدد الأسـواق والمهـام للمنظمـة فهـي بحاجة إلى العلاقات العامة أكثر من أي وقت مضى.

الفصل العاشر

تقويم العلاقات العامة

البدايات القديمة للعلاقات العامة

بدايات العلاقات العامة الحديثة في الولايات المتحدة الأمريكية

التطور في الولايات المتحدة في القرن التاسع عشر

بدايات العلاقات العامة سفي العالم

جوهر الحداثة

التوسع الغربي

السياسات وفاعليتها

تقويم العلاقات العامة

تدل العديد من الدراسات والأبحاث بأن العلاقـات العامـة كانـت موجـودة منـذ ظهـور الإنسـان القديم عندما طوّر لنفسه وسائل الإتصال المختلفة، وهي موجودة عـبر جميـع الحضارات القديمـة، مثـل الحضارة اليونانية والرومانية القديمـة، وقد اشتهر الإنسـان في هـذه الحضـارات بتقنيـات ومهـارات اتصـال مختلفة (الخطب، والحفلات، وتنظيم الأنشطة، وتنظيم المعارض، والفن) كل هـذه الأحـداث لهـا ارتباطهـا الوثيق بالعلاقات العامة وتعتبر جميع هذه الوسائل البيئة التي من خلالها بدأت فكرة العلاقات العامة.

البدايات القديمـة للعلاقـات العامة :

كثير ما يقول أن العلاقات العامة وجدت عند العراقيين القدماء بفترات زمنيه ليسـت قليلـة قبـل اكتشاف حجر رشيد، الذي كان المفتاح الأساسي للحضارة الهيروغليفيـة المصريـة القديمـة، وقد كـان أساسـاً لبيان الأشهر، والأبراج، كما أن العلاقات العامة وجدت منذ القدم في الرياضة، وخصوصاً في ألعاب أثينـا، فقد ساعدت العلاقات العامة على ترويج الدعاية الرياضية، وكان يتم تنظيمها في القدم كما هو الحال الآن في 2004، وقد حرص الإنسان الأول على نشر المعلومات بمصداقية، وكان ليوليـوس قيصرـ الفضل الأول في نشر الكتاب السياسي، وقد احتوى هذا الكتاب مجموعة من التعليمات السياسية كـما نشرـ فيـه مجموعـة من طموحاته الإمبراطورية، وقد نظم في عهده كثير من المسيرات المعارضة له.

ومع هذه المسيرات بقي قيصر على حكمه في روما في 59 قبل الميلاد، وكان له الفضل في تعريف العالم بمجلس الشيوخ والإجراءات التي يجب اتباعها في حالة الطوارئ في حال حدوث مسيرات احتجاجية"، كما أن المسيحية كانت تستخدم مبادئ العلاقـات العامـة مـن خـلال المبـادئ التـي تنشرـها في العلاقـات العامة".

وقد اتبع الرهبان في الكنائس أساليب ومبادئ العلاقات العامة من أجل جذب الجمهور لهم، وقد بدلوا جهوداً مضنية لنشر الدعوة منذ التاريخ القديم، كما لا ننسى أنهم كانوا يتبعون أنشطة العلاقات العامة من خلال الرسل الذين يتم إرسالهم لجذب انتباه الناس وزيادة الولاء للكنيسة.

في العصور الوسطى :

قامت الكنيسة الكاثوليكية بممارسة كبرى للعلاقات العامة حول جميع أنحاء العالم في العصور الوسطى، إذ تعد الكنيسة هي الأولى في استخدام الدعاية من خلال البعثات التي كانت تقوم بتنظيمها من أجل تدريب الكهنة لنشر الدعوة، كما لا ننسى بأنه في العصور الوسطى قام البابا أوربان بكتابة رسائل الغفران من أجل إشراك الجمهور في الحروب الصليبية المقدسة ضد المسلمين.

وقد كان في البندقية على الأرجح كثير من المستثمرين في القرنين الخامس عشر والسادس عشر يستخدمون كثير من المبادئ في العلاقات العامة من أجل زيادة الأرباح لديهم.

بدايات العلاقات العامة الحديثة في الولايات المتحدة الأمريكية :

تم بناء الدولة في الولايات المتحدة عن طريق المهاجرين، وخصوصاً القادمين من انكلترا، وقد كانت أمريكيا في البداية غير قادر على الصناعة الزراعة بسبب الاستعمار، وقد كان الاستعمار قاسياً فعطل كثير من الطموحات لدى أفراد الشعب، إلا أنه في عام 1620 استطاعت شركة فيرجينيا على سبيل المثال بنشر كتيبات وزعت على جميع انحاء العالم لإقناع المواطنين إلى الانتقال إلى ولاية فيرجينا، وتعد هذه بدايات العلاقات العامة.

وقد اتبعوا في بعض الأحيان أسلوب الكذبة إذ قاموا بتصوير الأرض من الجليد والصخور والمليئة بالذهب إلى ولاية غرينلاند من أجل جذب المهاجرين إلى هذه الولاية،

وقد تم تنظيم خطب من أجل ذلك، كما تم استخدام كثير من التقنيات المبتكرة في الدعاية مـن أجل زيادة أعداد المهاجرين.

وقد لعب البيـان الصـحفي الـذي قامـت بنشـره كليـة هـارفرد في عـام 1758 أساساً في اسـتقلال الولايات المتحدة الأمريكية، اذ اعتمدت على تجييش الجمهور من أجل نيل الاستقلال.

وقد لعبت العلاقات العامة دوراً كبيراً في الاستقلال فعن طريقها قام الثوريين بالتأثير عـلى الـرأي العام ومحاولة تجييشهم ضد الاستعمار البريطاني بمحاولة العصيان، وكانت أبـرز هـذه المحـاولات الاسـتيلاء على سفينة تجارية بريطانية في ميناء بوسطن احتجاجاً عـلى فـرض الضرائب الباهضة التـي كـان يفرضها الاستعمار البريطاني، كما قام كثير من الثوريين بمحاولة تنظيم تمرد ضد بريطانيا العظمى في ذلك الوقت.

وقد تميز المواطنين بالحس الثوري أثناء الاستعمار البريطاني، وفعلوا الكثير مـن أجـل التـأثير عـلى النظام السياسي وتجييش أفراد المجتمع الأمريكي، كما لا ننسى جهود (الكسنر هاملتون وجيمس ماديسـون و جون جاي) بوضع الدستور الفيدرالي الاتحادي إذ ساهموا بكتابة وتوزيع (85) نسخة.

التطور في الولايات المتحدة في القرن التاسع عشر :

تعد فترة 1800 بدايات النمو الواسع في الولايات المتحـدة، ويعد العصرـ الـذهبي للنشرـ ويعـد ويبستر الأول في استخدام الدعايـة في النشر، ويعد داهية في استخدام وسائل الإعلام، وقد قام دافي كوركيت برصد مجموعة من الأموال واستخدام وسائل الإعلام المختلفة من أجل حشد الدعم السياسي لدانيال بوني.

بدايات العلاقات العامة في العالم :

قد بينا في المحفل السابق بدايات العلاقات العامة في الولايات المتحدة، ومن أجل زيادة الفائدة يجب علينا أن لا نكتفي بذلك بل يجب علينا أن نعرض بدايات العلاقات العامة في بعض دول العالم:

أولاً: ألمانيا:

تعد بدايات العلاقات العامة في ألمانيا في القرن التاسع عشر ـ عندما قام الفريد كروب بتأسيس شركة كروبي، وقد قامت هذه الشركة بتأسيس المبادئ والقواعد الأساسية للعلاقات العامة.

بريطانيا العظمى : قامت شركة ماركوني وهي شركة رائدة في الاتصالات والإرسال، بتأسيس دائرة في عام 1910 تعنى بإنجاز العمليات التجارية، وفي عام 1911، تم تنظيم حفلة للعلاقات العامة من خلال تنظيم عشاء عمل لشركات التأمين والصرافة. وفي عام 1919 تم تأسيس وزارة الراديو، وكانت تعد وسيلة لمخاطبة الجمهور، وفي عام 1922 تم تأسيس منظمة للنشر الواسع على أنحاء العالم من أجل مخاطبة العالم وهي (BBC). وقد استخدمت العلاقات العامة في تنظيم الأعمال عندما قام باسيل كلارك في عام 1924، بنشر أول إعلان عن طريق وسائل إعلان حكومية. ومن بعدها تم تأسيس شركات تعنى بذلك في لندن.

استراليا : تم استخدام العلاقات العامة بأسلوب واسع بعد الحرب العالمية الثانية عندما استطاع الجنرال ديغول من الفرار من كوريجور في عام 1942، وقد تم استخدام العلاقات العامة في مسعى من أجل تجنيد المقاتلين.

تايوان : كما هو في كثير من الحكومات وفي كثير من التصرفات والتكتيكات الحربية والتنظيمات، ومن أجل بناء المجتمع، تم استخدام الأخبار من أجل تلك المهمة وقد تم تأسيس معهد خاص بالادارة العامة في عام 1956، وقد تم تنظيم عمل منظمة في عام

1958 بين الحكومة وكثير من المجموعات المهتمة بالعلاقات العامة وقد تم إنشاء مجلـة تعنى بالعلاقات العامة.

الفلبين : تم تأسيس العلاقات العامة في عام 1940، من أجل حشد الدعم للجماهير للمقاومة ضد القوات الأمريكية في الحرب العالمية الثانية.

إسبانيا : لقد تمت بدايات العلاقات العامة في عام 1950، من خلال السياسـات والاقتصاد ووسائل الإعلام وقد تم تأسيس مكتب للدعاية.

الاتحاد الفيدرالي الروسي : بعد انهيار الاتحاد السوفيتي في عام 1991، تم تحرير الاقتصـاد وتمت مراحل النمو والازدهار في البلاد وازدهرت حركة التجارة العالمية وتم الاهتمام كثيراً بشركات العلاقات العامة، وقد تم استخدام العلاقات العامة في عام 1990 من خلال تأسيس معهد متخصص يعمل على تدريس العلاقـات العامة.

تايلند : كما هو الحال العلاقات العامة في تايلاند كغيرها، ويعد يسكو باجسـلمي المؤسـس الأول للعلاقـات العامة والذي يعد المبشر الأول للديانة المسيحية.

ولعبـت الصحافـة دوراً بـارزاً في تقـدم العلاقـات العامـة مـن خـلال نشر- البيانـات الصحفيـة والإعلانات، إذ تتضافر جهود الكاتب والمحرر من أجل تعزيز وتقدم العمـل الصحفي، ولا ننسى- بضرورة تحلي وسائل الصحافة بالمصداقية والإبتعاد عن الممارسات غير الأخلاقية.

كما يجب علينا أن لا ننسى بأن مهنة العلاقات العامة تطورت كثيراً باستخدام الاتصالات المتطورة، من أجل التعرف على الجمهور بكافة أطيافه.

الفصل الحادي عشر

التطور التنظيمي للعلاقات العامة

هنري فورد

تودي روزفلت

ايفي لي و أول معهد متخصص لعلاقات العامة

أربعة مبادئ رئيسية

جيورجي كريل

ادوارد بيرنيز

لفري سوب

فرقة البالية الروسية

اليوبيل الذهبي

آرثر باج بنيامين سوننينبيرغ

ريكس هارو

ليون باكستير

العلاقات العامة والعصر الذهبي

التطورات العلمية والفلسفيـــة

التوجهات العملية المعاصرة

العنصر النسـوي

البحث عن التنـوع

الحلول والتوجهات الأساسية المستقبلية في مهنة العلاقات العامة

توسيع مبادئ العلاقات العامة

زيادة التقييم

(24/7) سبعة أيام و 24 ساعة بث في اليوم

حجم التوجيه والإشراف لدى وسائل الإعلام

العلاقات العامة والحداثة :

في عام 1889 تم استخدام الصور في الصحف من أجل عملية الإعلان، وقد تم تنظيم النشرات الصحفية، كما قامت شركة (ويستنغهاوس) بتأسيس رابطة ومعهد للعلاقات العامة، وكان أول عملائها رابطة السكك الحديدية في الولايات المتحدة الأمريكية.

1900 حتى 1950 (عصر الرواد) :

تم تأسيس أول مكتب دعاية سمي (بورياو) في بوسطن عام 1900، كما كانت كلية هارفرد أول من درست الإعلام، كما أنه تم إنشاء مكتب باركر للدعاية في مدينة نيويورك في عام 1904، وقام هذا المكتب بتقديم الاستشارات للأفراد والشركات، كما أن شركة أديسون قامت بتقديم خدمات الإعلان وطورت آفاق جديدة للعلاقات العامة من خلال تبادل المصلحة والمنافع، كذلك قام بتأسيس مبدأ العلاقات الحميمة مع العملاء.

وفي عام 1912 تم تطوير سيل من النشرات الإخبارية، وتنظيم أفلام لأغراض العلاقات العامة، وقد تم استخدام العديد من التقنيات من أجل تطوير العلاقات العامة، ويقوم اليوم (ثيدور فيل)، مدير شركة (AT&T)، بتقديم خدمات جليلة للمستهلكين عبر مؤسسات الصحافة.

هنري فورد : يعد المنظم الأساسي الأول للعلاقات العامة في الصناعة في أمريكا، وقد قام بوضع مبدأين أساسيين للعلاقات العامة، أولها الترويج، ثم النشر، وقد استفادت شركة فورد من العلاقات العامة، وقامت في عام 1903 بتنظيم دعاية واسعة النطاق، ونظمت سباق للسيارات، وقد قامت بتنظيم دعاية ملفتة لنظر الشعب الأمريكي سمحت لبطل

السباقات وهو يمثل شخصية شعبية ورائجة في الولايات المتحدة في ذلك الوقت بقيادة السيارة مـن خـلال مدرج أعد لذلك. وقد تم قيادة السيارة بسرعة 60 ميلاً في الساعة.

كما قامت شركة فورد بتنظيم دعاية في العام 1908 لبيع السيارة الواحدة بحوالي 850 دولار، ثـم قامت بتنظيم دعاية أخرى في العام 1915 وعملت الشركة إلى تخفيض سعر السيارة ليصل إلى 360 دولار.. كما قامت الشركة بتحفيز العاملين والعاملات عبر زيادة راتب العامل المبدع 5 دولارات.

تودي روزفلت : حصل رزوفلت على درجة الماجستير في الدعاية، وقد كان يقوم بـإجراء مقـابلات دعائيـة، ويعمل على نشر الإعلانات من أجل دعم الشركات، وقد آمن بقيمة الدعاية للشركات، وقـد قـام روزفلـت بتنظيم مظاهرة بقيادة مجموعات الإعلاميين من أجل حصول عامة الشعب علـى الخـدمات الترفيهيـة. وقـد بذل روزفلت في عام 1934 جهوداً لإنشاء معهد متخصص للعناية بالأطفال المصابين بشلل.

ايفي لي (Lvy Lee): أول معهد متخصص لعلاقات العامة :

أنشأ ايفي لي أول معهد للعلاقات العامة، وكان مختصاً بتقديم الاستشارة لكافة الشركات، كما أنـه يقوم بفض النزاعات العمالية التي كانت تحدث، وقد تم توزيع هذا المركز في مدينـة نيويـورك، وقـد ركـز على دور الدعايـة في العلاقات العامة، ويعـود الفضل لهـذا المعهـد بإيجاد كثير مـن المبـادئ الأساسـية للعلاقات العامة. وركزت هذه المبادئ على توخي المصداقية في نقل الأخبار، وركزت كـذلك علـى أن تكـون المواضيع دقيقة وذات فائدة للجمهور.

كما قام المعهد بفض التخاصم بين الجمهور وشركة سكة الحديد في ذلك الوقت، وقد لعب الصحفيين كذلك دورا كبير في فض النزاع الذي كان دائراً بين سكة الحديد والجمهور وقد لعبـت السياسـات الإعلانيـة دوراً بارز كذلك.

وقد ركز المعهد على أربعة مبادئ رئيسية وتعد اليوم أيضاً أساسيات العلاقات العامة، وهي

1- الدعاية بصفتها تزيد من حجم المبيعات لدى الشركات.

2- تنظيم برامج وفعالياته من أجل دعم الإنتاج وتنشيطه.

3- فتح آفاق جديدة للمنظمة عن طريق وسائل الإعلام المختلفة.

4- التأكيد على ضرورة إضفاء الطابع الإنساني والمحافظة على علاقات وطيدة وحميمية بين المنظمات والجمهور.

جيورجي كريل (George Creel) : يعد (جيورجي) أحد مراسلين الصحف المتميزين في ذلك الوقت، وقد قام الرئيس (ولسون) في ذلك الوقت بتكليفه بتنظيم حملة ضخمة من العلاقات العامة تهدف إلى توحيد الرأي العالمي خلال الحرب العالمية الأولى، وقد قام بهذه المهمة بالتعاون مع مجموعة من الصحفيين والمحررين والفنانين الموهوبين، بالتأثير على وجهات نظر الرأي العام خلال الحرب العالمية الأولى.

بعد نهاية الحرب العالمية الأولى قامت جمعية الهلال الأحمر الأمريكية بتنظيم عملية دعائية لجميع فئات المجتمع، نتج عن هذه الحملة انضمام (19)مليون أمريكي، وكذلك تم التبرع بمبلغ يقدر بحوالي(400) مليون دولار.

يجب أن لا ننسى بأن العلاقات العامة تتطور، وهذا ما نلاحظه من خلال التطورات التكنولوجية الحديثة التي شهدها العالم، كما أن موضوع العلاقات العامة أصبح موضوعاً مستقلاً يدرس في نخبة من الجمعيات والمعاهد، وقد تم تأليف كتاب يعد الأول وقام (واتر ليب مان) بوضعه، وقد صدر هذا الكتاب في عام 1922 وحمل اسم "رأي وتوجهات الشعب".

ادوارد بيرنيز (Edward B. Bernays) : (الأب الحديث للعلاقات العامة) :

من خلال الحملات التي قام بها (ادوارد) أصبحت العلاقات العامة مشهورة ومعروفة، وقد وضع المبادئ الأساسية لعلم (العلاقات العامة الحديث)، وأصبح علم العلاقات العامة معروفاً عند وفاته وفي عام 1995، عن عمر يناهز الـ (103) عاماً. ويعتبر بيرنز Bernays والذي كان ابن شقيق العالم المعروف فرويد، لديه تصورات حديثة عن العلاقات العامة، وقد قامت وزارة الدفاع الأمريكي بتطبيق هذه المبادئ ومحاولة الاستفادة من كل الأبحاث الاجتماعية في حينها، كما يجب ان لا ننسى بأن العلاقات العامة مرتبطة أساساً بالعلوم الاجتماعية. كما أنه ارتبط بعلم النفس، وقد كانت هناك توجهات بتنظيم حملات من أجل تغيير سلوكات المجتمع، من خلال التلاعب بأنباء معينة، وقد كان توجه بيرنز في هذا المنحنى من خلال الإقناع الجمهور.

لفري سوب (Lvory Soap) : يعد لفري سوب المؤسس لفكرة الحديث المنمق، وقد جاءت فكرته بعد توجه بيرنز والذي اشتهر بقدرة العلاقات العامة على تغيير سلوكات الجمهور، وقد قام لفري بتأسيس مدرسة للأطفال، وقد نظم حملة (الصابون النظيف) شارك فيها كثير من الأطفال في الولايات المتحدة الأمريكية (حوالي 22 مليون)، وقد تم تنظيم هذه الحملة اكثر من 35 سنة. وقد شكلت هذه الحملة مخرجاً من اجل تحلي الأطفال بالنظافة.

فرقة البالية الروسية:

تم تأسيس فرقة روسية للرقص في منتصف الحرب العالمية الأولى، وكانت رقصة البالية تعتبر إحدى وسائل الترفيه، وقد كان رقص البالية غير مرغوب فيه بذلك الوقت، ووفقاً لمبدأ بيرنز بتغيير وجهة النظر، تم تغيير هذا التوجه من خلال الحملات الدعائية في المجلات.

اليوبيل الذهبي :

تم الاحتفال بالذكرى السنوية الـ 50، لاختراع المصباح الكهربائي من قبل العالم أديسون، وقد قام بيرنز بتنظيم احتفال كبير لفت انتباه جميع أنحاء العالم.

وقد شارك في هذا الاحتفال كبار الشخصيات في وقتها والرئيس هربرت هوفر، وقد تم سؤال بارنز عام 1984، " أنك عملت حملات دعائية كثيرة وقد قدمت نظريات كثيرة في عهد الرئيس هربرت هـوفر، وقمت بحملات دعائية كثيرة حول الحكم، هل أثر ذلك علـى نظـام الحكم في أمريكيا وقتها "، فأجاب : (كان لي مجموعة من المبادئ وكنت أحاول التأثير على التوجهات السياسية للجمهور، ولكنهم في النهايـة اختاروا ما يريدونه).

كما اشتهر بارنز بحملات تحرير المرأة، كما أنه كان له الفضل في وضع المبادئ الأساسية لـدائرة العلاقات العامة في وزارة الدفاع الأمريكية، وقد ألف بيرنز كتب كثيرة عن مهنة العلاقات العامة، وقد ركـز على مسؤوليتها الأخلاقية، كما أنه دعى أن يكون هناك اتجاهين للتفاهم مع الجمهور واتباع أسلوب الإقنـاع العلمي. وقد كانت لبيرنز كتابات كثيرة في الصحف والمجلات وكانت له آراء حول تحرير المرأة.

رواد آخرون في مهنة العلاقات العامة:

آرثر باج (Arthur W. Page) : كان رئيس لشركة الهاتف في عام 1927، ويعود له الفضل في ترسيخ مفهوم العلاقات العامة، إذ وضح بأن العلاقات العامة يجب ان تكون لها صوت نشط في الإدارة العليا، واعتقد بأن العلاقات العامة لها دور أساسي في أداء الشركة، ويعود له الفضل في تأسيس كثير من الشركات والجامعات.

وفي عام 1960 قامت مجموعة AT&T بتأسيس شركة اتصالات وقد سميت باسمه (آرثر بـاج)، تشـمل 300 مشرف. وقد قامت بإنجازات كثيرة في قطاع الاتصالات.

بنيامين سوننينبيرغ (Benjamin Sonnenberg) :

ويعد له الفضل في إيجاد فكرة الرعاية لشركة تكسيكو من خلال راديو (Metropolition Opera)، وقد اقترح فكرة الرعاية للوصول إلى الرأي العام، وقد عرف بفكرته (ان الدعاية تعد المنفذ الأساسي للوصول إلى الجمهور في القرن العشرين).

ريكس هارو (Rex Harlow) : يعتبر ريكس (أب البحث العلمي في العلاقات العامة)، وقد كان يقضي كل وقته في تعليم العلاقات العامة، وهو بروفسور يدرس في جامعة ستانفورد الأمريكية، وقد قام بوضع كثير من المبادئ حول العالم، وقد أوجد ريكس معهد للعلاقات العامة أصبح يدعى في ما بعد معهد المجتمع الأمريكي للعلاقات العامة (PRSA)، في العام 1952، وقام بكتابة التقارير الاجتماعية بأسلوب علمي لأول مرة في الصحف.

ليون باكستير (Leone Baxter) : باكستير وشريكه كلايم وايتكر (Clem Whitaker) يعود له الفضل بإيجاد وتنظيم الحملات السياسية للولايات المتحدة. وقامت بترسيخ ولاية حاكم كاليفورنيا، وقد قام بتنظيم حملة دوايت ايزنهاور (Dwight Eisenhower) الانتخابية في عام 1952.

هنري روجرز (Henry Rogers) : قام في منتصف العام 1930 مع زميله وارن كون Warren Cowan بتأسيس وترسيخ العلاقات العامة في مدينة هوليود من خلال إيجاد مصنع للسينما.

العلاقات العامة والعصر الذهبي 1950 إلى 2000

خلال النصف الثاني من القرن العشرين، تم اعتبار العلاقات العامة أمراً لا غنى عنه في الولايات المتحدة الأمريكية، فهو يقارن بالمجالات الاقتصادية والسياسية والاجتماعية، وكما هو معروف بأن الاقتصاد بعد الحرب العالمية الثانية اتجه نحو النمو السريع في جميع المجالات، كما أن العلاقات العامة لاقت اهتماماً كبيراً غير مسبوق، وقد

وجـدت العلاقـات العامـة كـأي وظيفـة، وقـد أدخلـت العلاقـات العامـة في وزارات الصـحة والتلفـاز، والمؤسسات الاجتماعية، وإن النمـو الواسـع في المؤسسات في أمريكيا يعـود سـببها الأسـاسي إلى العلاقـات العامة.

كـما أن هنـاك عدة عوامـل ساعدت على زيادة تقدم وازدهار العلاقات العامة، مـن هـذه العوامـل الزيادة السريعة في أعداد السكان في المناطق الحضـرية والجهد المخلـص للحكومـات والشركات الكبرى وكذلك ثورة الاتصالات ووسائل الإعلام وكذلك زيادة المخصصات المالية.

وقد اهتمت العلاقات العامة بالاعتناء بالجمهور ومحاولة زيادة الانتماء، وأيضاً بناء علاقـة بـين المنظمات والموطنين على أسس حميمية وودية.

وقد عملت العلاقات العامة على تحسين ظروف العمل لدى العاملين، كما كان هنـاك تطـورات كثيرة في العلاقات العامة من خلال إيجاد المتخصصين في العلاقـات العامـة لخدمـة الجمهـور، والتخطيط الإستراتيجي وإدارة القضايا، وايضاً تطوير المنظمات وزيادة الإنتاج.

في العام 1950، قام أكثر من 17.000 شخص بالعمل في مهنة العلاقات العامة وقد عملـت 2.000 امرأة كذلك في العلاقات العامة، وقد تم تأسيس معهد كبير في الولايـات المتحـدة يعنـى بالعلاقـات العامـة ويدعى (ALCOA) وفي العام 1960، توجه أكثر 23.870 شخص للعمـل في مهنة العلاقـات العامـة وكذلك توجهت 7.271 امرأة للعمل في العلاقات العامة، ومنـذ العام 1960 زاد عـدد الممارسـين لمهنـة العلاقـات العامة إلى أكثر من 200.000 شخص، ومن المتوقع أن يتزايد عدد المنتسبين لمهنـة العلاقـات العامـة بمقـدار (36% مقارنة بالمهن الأخرى) في العام 2000 وحتى 2010.

التطورات العلمية والفلسفيـة:

ويلاحظ أنه منذ عام 1950 ولغاية عام 2000، هناك تغييرات وتطورات منهجية وعملية حدثت في مهنة العلاقات العامة، ويمكن إيجازها بالآتي : أولاً عام 1800 كان هناك اهتمام كبير على النشر، وقد أخذ Barnum على عاتقه تطويره، ومنذ ما يقرب القرن العشرين أصبحت العلاقات العامة تعتمد على النشر، وقد لوحظ الاهتمام بالمحررين، وقد قامت شركة (Ivy Lee) بالبدء بأعمالها في مجال العلاقات العامة وقد أوجد Cynthi Clark والذي يدرس في جامعة بوسطن أسلوب المقابلة أي ما يعرف بأسلوب المقابلة في العلاقات العامة. وقد قال Clark مقولته الشهيرة ألا وهي " يمكننا تصميم نموذج اتصال للاتصال مع الجماهير كما يجب علينا استخدام وسيلة اعلام فعالة من أجل ذلك ومن خلال ذلك نستطيع أن نحصل على ردود أفعال الجماهير (التغذية الراجعة).

ويعتبر 1970 عصر الإصلاح للمستثمرين والأسهم حيث قامت شركة Texas Gulf Sulfur فكرة العلاقات العامة وتأثيرها على المستثمرين، وأكدت على ضرورة قيام الشركة بالكشف عن المعلومات التي تؤثر على قيمة الأسهم.

لقد تطور مفهوم العلاقات العامة وازدهر في العام 1980 بشكل غير مسبوق، وقد عرف مبدأ (الكلمة المنمقة) في العلاقات العامة، وقد سلطت هذه الفترة الضوء على الأثر بين العلاقات العامة وفعالية أداء المنظمة، والخطط الاستراتيجية في المنظمة، وقدرة العلاقات العامة على المساعدة بوضع استراتيجيات لكسب ولاء الجماهير، وكذلك لمحاولة حل القضايا والأزمات التي تواجه المنظمة. كما ركزت على ضرورة المحافظة على المصداقية، كما بينت هذه الفترة بأن على المنظمة أن تحتفظ بعلاقات داخلية وخارجية متينة من أجل بناء المنظمة، وقد وجدت بأن موظف العلاقات العامة يجب عليه التعرف على وضع البيئة التي تحكم المنظمة وكذلك القيام بمراجعة الحسابات وكذلك مراجعة الاتصالات كذلك عليه مهام المسؤوليات الاجتماعية لدى المنظمة.

بحلول العام 2000، وضع كثير من الممارسين والخبراء للعلاقات العامة تصور كامل لمهنة العلاقات العامة من خلال الأعمال التي تقوم بها وحدة العلاقات العامة بتقديم الخدمات الاستشارية لـدى المنظمـة وكذلك تعزيز العلاقة الحميمية مع الجماهير، كما تطورت مهنة العلاقات العامة لترتبط بالتسويق والعلاقة الوطيدة مع المستهلكين.

وقد وجد نموذج الحوار في العلاقات العامة في العام 2000 عن طريق Michael Kent والذي يعمل مدرساً في جامعة مونتي كلير الأمريكية وذلك في المثـال الـذي كتبـه عـن العلاقـات العامـة والمقابلـة، وقـد تضمن هذا المقال المبادئ الأساسية للعلاقات العامة والعلاقات التي تبنيها مع الجمهور. كما أكـد عـلى دور وسائل الإعلام المختلفة، وركز على الاتصالات كأداة للتفـاوض، كـما ركـز عـلى أن الاتصـال يجـب أن يكـون بأسلوب علمي معتمداً على مبدأ الإقناع.

التوجهات العمليـة المعاصرة:

هنـاك تغيرات اجتماعيـة وتكنولوجية كثيرة وجـدت في القـرن الحـادي والعشرـين، كـما أن هنـاك تغيرات كثيرة حدثت من خال التنوع العرقي والثقافي، وكثير من الوقائع العملية الأخرى.

العنصر النســوي :

هناك تغيرات كثيرة حدثت، إذ لم تعد مهنة العلاقات العامة مقتصرة على الرجال، وقد شهد تغـيراً كثيراً واقع المرأة في هذا الحقل، إذ كانت النسبة النساء العاملات في هذا الحقل في العام 1979 حوالي 41% في حقل العلاقات العامة، وفي العام 1983 زادت هذه النسـبة لتصـل إلى 50.1% لتصـل في العـام 2000 إلى تقريباً 70%.

على النقيض من ذلك بلغت نسـبة النسـاء العـاملات في الولايـات المتحـدة حـوالي 42% في العـام 2001. ووفقاً لتقرير الرابطة الدولية لإدارة العمال PRSA بأن حوالي

اكثر من 50% من النساء هن أعضاء في جمعيات العلاقات العامة المختلفة. كما أن 70 إلى 75% في شركات العلاقات العامة هن من النساء.

وهناك عدة أسباب تعد أساسية وعملت على التحاق المرأة في مهنة العلاقات العامة أكثر مـن الرجل، وتتمثل هذه الأسباب مـن خـلال أنها ان مهنة العلاقات العامة مرتبطة ارتباطاً وثيقـاً بالإعلان والإعلان اقترن بالمرأة، كما أن المرأة لديها القدرة على مهارات الاستماع والاتصال أكثر مـن الرجـل، كمـا أن المرأة أكثر قدرة على عمليات الاتصال وأكثر حساسية من الرجل.

كما أن المرأة قادرة على خلق الروابط العاطفية وهذا جوهر العلاقات العامـة مـن أجـل الوصـول إلى العلاقة الحميمية، كما يجب علينا أن لا ننسى بأن المرأة تقوم بالحصول علـى رواتب أقـل مـن الرجـال. وهناك كثير من النساء اشتهرن بالعلاقات العامة.

البحث عن التنوع :

وفقاً لمكتب الإحصاءات الأمريكية تظهر بـأن الأقليـات تشكل 33% مـن 285 مليون مـواطن أمريكي، وهي الأسرع نمواً، وتشكل الأصول الإسبانية الأكثر إذ تبلغ النسبة 13.4% من السكان مقارنـة مـع الأصول الأفريقية، أما الأقليات الآسيوية فتشكل 4.9% مقارنـة بالسكان الأصليين لأمريكا فيشكلون مـا نسبته 1.5% من إجمالي السكان. في نهاية العام 1997 عدد الأعضاء لدى جمعية PRSA للعلاقات العامة أظهر أن 93% من المنتسبين هم من البيض و 3% من السود و 2% من أصول إسبانية و 1% أصول أسيوية

في عام 2003 وجد أن 81% من المنتمين إلى معهد العلاقات العامة هم من أصول قوقازية و 7% من أصول أفريقية و 7% من أصول إسبانية و 4% من أصول آسيوية. وقد بلغـت نسبة الأمريكـان 20%. كما أنه حوالي 182.000 شخص قام بدراسة الصحافة والاتصال (والتي تتضمن العلاقات العامة) في الولايات المتحدة الأمريكية أقل

من 30% من عموم السكان. أما الأقليات الأسبانية 13.4% والأقليات الأفريقية 13.7% والأقليات الآسيوية 3.2% والأمريكيين الأصليين 2%.

الحلول والتوجهات الأساسية المستقبلية في مهنة العلاقات العامة:

بسبب الطلب المتزايد على العلاقات العامة فإن هناك توجهات لزيادة المعاهد التي ستقوم على تدريس العلاقات العامة، ويعد معهد CEO الأشهر في هذا الأمر، كما تم إنشاء معهد للعلاقات العامة في بريطانيا IPR، وقد بدأ بوضع المبادئ الأساسية للعلاقات العامة المرتبطة بالطلب والاتصال وكل ما يتعلق بالعلاقات العامة.

توسيع مبادئ العلاقات العامة:

كما هو معروف فإن العلاقات العامة مرتبطة ارتباطاً وثيقاً بالإعلام، وفي السنوات الأخيرة اقترن مفهوم العلاقات العامة في التسويق، وقد بين فوم جابيل، بأن في العلاقات العامة الحديثة يجب أن يكون الشخص قادر على أن يقدم حملات اتصال فعالة.

زيادة التقييم :

يقوم قسم العلاقات العامة بوضع الإدارة في صورة الوضع الحقيقي للمنظمة ويقوم هذا القسم بوضع حجم ومعدل العائد على الاستثمار ROI، وقد بين كاث كريبس أن معهد العلاقات العامة يقوم بقياس محورين أساسين المحور الأول مقدار المدخلات التي تؤثر على برامج العلاقات العامة والمحور الثاني مقدار المخرجات الناتجة عن السياسات المرتقبة للمنظمة.

(24/7) سبعة أيام و 24 ساعة بث في اليوم :

يمكن ان تستفيد العلاقات العامة من الخدمة التي تقدمها وسائل الإعلام المختلفة إذ يمكن ان توجه رسالة إلى الجمهور في أي وقت تريد، وعلى أي وسيلة تراها مناسبة.

حجم التوجيه والإشراف لدى وسائل الإعلام :

شهدت الاتجاهات التقليدية للاعلام انخفاض في الولايات المتحدة اكثر من 11% منذ عام 1990، أما الإعلان عن طريق الأخبار شهد انخفاض مقداره 16% منذ العام 1997، لذلك فان كثير من موظفي العلاقات العامة قاموا باللجوء إلى استخدام الأساليب الحديثة للإعلام من خلال استخدام الانترنت، فقد بينت دراسة أن اكثر من 55% من مستخدمي الانترنت هم دون أعمار 18 سنة، وقد أثبتت دراسة أن الرسائل المرسلة إلى البريد الإلكتروني لها جدوى أكثر من غيرها هذا ما بينه معهد (UCLA) لدراسات الإنترنت. لذلك فأن كثير من الشركات قامت باستخدام هذه الوسيلة من أجل الوصول إلى جمهورها.

أفكار راسخة بعيدة عن العلاقات العامة :

هناك الآن توجهات نحو العلاقات العامة وتخصيصها، وهذا ما بينه (Ian Mitroff)، إلا أن هناك كثير من الشركات العالمية لا تقوم بتخصيص قسم للعلاقات العامة بل إنها مشتركة مع أقسام مختلفة وهذا ما ظهر في دراسة أعدت لهذا الغرض لذلك يجب أن يكون هناك توجهات أكثر نحو أقسام العلاقات العامة وجعلها بشكل منفصل عن الأقسام الأخرى في المؤسسات .

العلاقات العامة في مواجهة الأزمة الاقتصاديه العالمية

ربما كانت شركات العلاقات العامة واحدة من القطاعات النادرة التي لم تتضرر بل استفادت من الأزمة الاقتصادية العالمية، فالعديد من الشركات والمؤسسات فضلت توجيه جزء كبير مما كانت تنفقه على الدعاية والإعلان إلى الاهتمام الاكبر بالعلاقات العامة، حتى تتمكن من إيصال رسالتها والأهداف التي تتوخاها.

أن العديد من الشركات والمؤسسات باتت تلجأ إلى العلاقات العامة بشكل متزايد كإحدى استراتيجيات التعريف والترويج لها، كونها من اهم أدوات ووسائل إيصال رسائلها وإبراز أنشطتها لدى الجمهور .

لقد عكست الأزمة المالية العالمية على قطاع العلاقات العامة معادلتها الخفية، كونها أفرزت تغيراً جذرياً في خطط من اصابتهم هذه الازمة، وبات هاجس تجاوز الأزمة والتطلع إلى الاستمرار هو الهدف الأكبر لمعظم القطاعات الاقتصادية، الأمر الذي عزز من دور العلاقات العامة واعتماد العديد من المؤسسات والشركات العالمية على هذا القطاع لمساعدته على تجاوز الآثار السلبية التي أفرزتها الأزمة، ومما عزز الموقف هو قيام كثير من المؤسسات بإعادة ترتيب أوضاعها من خلال الاندماجات أو التحالفات، وهذا يتطلب برامج علاقات عامة قوية مواكبة، خاصة وأن الكثير من تلك المؤسسات، لاسيما المالية منها، قد فقدت ثقة المتعاملين معها .

ان دور العلاقات العامة في السوق العالمية المفتوحة اثناء استمرار هذه الازمة، يحتم على قطاع شركات العلاقات العامة الانتقال إلى المرحلة الجديدة وهي تقديم حلول شاملة ومتكاملة تمتد خارج حلول المؤتمرات الصحفية والأخبار، و ذلك لن يتم إلا بإيجاد شركاء حقيقيين للمضي نحو تحقيق هذه الغاية وهؤلاء الشركاء يتمحورون حول قطاع وسائل الإعلام الذين يقومون بدور الشريك الاستراتيجي في هذا المجال وبالمقابل فإن على قطاع السوق التجاري وسوق الأعمال والشركات التجارية أن يعي جيداً التطور التكنلوجي الهائل في اساليب ووسائل الإعلامي الان وفي المستقبل، والدفع باتجاه تفعيل الإعلام الرقمي من خلال برامج الاتصالات الداخلية وتحسين السمعة من خلال برامج علمية مدروسة تحقق بها آلية أمثل في الأداء .

وبالرغم من ان سوق العلاقات العامة في العالم المتقدم تضاعف ونما حجمه خلال الأزمـة الماليـة العالمية ،الا ان تقديم الخدمات بشكل احـترافي في هـذا السـوق أمـراً لايـزال يـدعو إلى القلـق حيـث تشـير الإحصاءات الدقيقـة في هـذا الإطـار إلى ضـعف في عـدد الوكـالات التـي تقـدم خـدماتها بأسـلوب احـترافي وعصري .

وهذا الواقع يفرض على الجهات الحكومية والشركات الكبيرة بضرورة التخصـص في تسـير عملهـا ومنها العلاقات العامة، بالاعتماد على الكفاءات والخبرات العلمية والعملية في هذا الاختصاص وهـذا لـيس تقليلا في كفاءة العاملين في أجهزة العلاقات داخل هذه المؤسسات بل ان نجاح المؤسسة تكون قائمـة عـلى أساس ممارسة العمل المتخصص وبالتالي تكون إمكانياتها أكبر .

وهناك ملاحظة مثيرة للاهتمام تتلخص بازديـاد نسـبة النسـاء ضـمن الكـوادر العاملـة في قطـاع العلاقات العامة فعدد اللواتي يعملن في العلاقات العامة يـزداد عـلى مسـتوى العـالم، و(أغلـب مـن يـدير مكاتب شركاتهم في الدول العربية هن من النساء ونسبتهن تصـل إلى 60%)، وقـد أبـدعت المـرأة في هـذا المجال لاسيما وان لهن أسلوب وطابع خاص .

أن الكثيرين لا يفرقون بين شركـات تنظـيم المناسـبات وشركـات العلاقـات العامـة، فـالأولى تهـتم بتنظيم تلك المناسبات ، في حين ان مهام العلاقات العامة تتعدى ذلك حيـث يعـد هـذا جـزءاً مـن سلسـلة مهام اخرى كثيرة، ولا يمكن اختزال دورها بإعداد خبر لوسائل الاعلام فقط، بل تقوم بـدور مهـم يتمثـل في تصميم الاستراتيجيات، وتوجيه الشركات إلى إلابداع في ألافكار وايجاد الحلول وابتكاراعمال جديدة لتحقيـق أهداف المؤسسات المنشودة.

إن المطلوب الان قدر مناسب مـن الـوعي وكثيرا مـن التعمـق في فهم جوهرالعلاقات العامـة باعتبارها الشريان الحيوي لأي مؤسسة وبناء على حجم الصلاحيات المناطة بالعلاقات العامة يتوقف حجـم نجاح المؤسسة.وهذا السبب كان وراء أعادة الحياة إلى مؤسسات كثيره ومنها شركة جونسون آند جونسون بتأثير الدور الفعال لجهاز العلاقات العامة .. لقد أصبحت العلاقات العامة بوابة لكل مؤسسة سـواء كانـت حكومية او خاصة لتوصيل رسالتها الى جمهورها.

العلاقات العامة والأخلاق

ما هي الأخلاق

يعرف كل من (J.A.Jaksa & M.S. Pritchard) بأن الأخلاق هـي " كل شيء متعلق بكيفية العيش والأسلوب الذي تحتاجه لذلك "، ومن أجل هذا يجب عليك أن تسأل نفسك عن مـا هـو صحيح ومـا هـو خاطئ، ما هو صائب أو ما هو مخادع، ما هو المناسب وما هو غير المناسب، الجيـد، والـرديء، المسؤولية، وغير المسؤولية، وما شابه).

كما أن الأخلاق لا تقاس بقول الشخص نفسه وإنما تقاس بقبول المجتمع الذي لديه معايير وتصورات عـن الحق أو الباطل.

فكثير من الأشخاص يكونوا غير واضحين في أسلوبهم، ويحاولوا أن يتلونوا، وهـذا كثيراً مـا يـزعج الآخرين، لذلك يجب أن يكونوا قادرين على قول الصواب أو الخطأ.

لذلك كثير من الفلاسفة يؤكدون أن على الإنسان يجب أن يكون لديه مبادئ وقيم مبنيـة علـى الإيمان، كما يجب أن تتركز على ثلاث توجهات وهي الوجوديـة (الإيمـان المطلـق) والمصداقية والتسامح. فيجب أن تكون هذه المبادئ مرتكزة في الشخصية، ويجب أن يكون القرار مبني على مثل هذه التوجهات.

كما يجب أن نعتمد بأن نعامل الناس على قدم من المساواة إلى حد ما، كما يجب علينا أن لا نركـز على التفاصيل الدقيقة، والمنطق الذي يفكر به الأشخاص، كما يجب أن لا ننسى بـأن هنـاك تفـاوت في الفضائـل بين الأشخاص، كما يجب علينا أن نتحلى بالفضائـل الأخلاقيـة مثل الصدق والشجاعة والتعـاطف والكـرم والنزاهة وإنصاف الذات والعقلانية.

كما يجب أن تكون العلاقات العامة مرتكزة على الفضائل الإنسانية، إذ يجب على متخـذي القـرار في مهنة العلاقات العامة، أن يراعوا المصلحة العامة ومصلحة المنظمة. كمـا يجب أن لا ينسوا القيـم الشخصية والأخلاقية، والمثالية.

لذلك يجب على ممارس العلاقات العامة أن يتصف بهذه الصفات، لأنه يمكن أن تـوضع في موقف يتطلب منك الدفاع عن الشركة، لذلك يجب عليك أن تعتمد تمام الاعتماد على قول الحقيقيـة في كثيـر مـن الأمور.

التشجيع على الأخلاق الفاضـلة :

هناك مسائل وأمور أخرى تقود إلى القلق في العلاقات العامة، من الناحية الأخلاقيـة فكثيـر مـن الأشخاص يتمتعون بكثير من الصفات مثل الانحياز والتلاعب والكـذب، وهـذه التصرفات يجب الإبتعـاد عنها، ونبذها.

من أجل ذلك كله، فإنه تتوقع مـن الممارسـين لمهنـة العلاقـات العامـة، أن يكونوا مثالاً ودعـاة للأخلاق وأن يكونوا موضوعيين ويبتعدوا عن التعصب، كما يجب أن لا ننسى بأن الممارس لمهنـة العلاقـات العامة يجب أن يتصف بالإقناع وقول الحقيقة من أجل الوصول إلى الهدف المنشود.

كما أن الممارسين لمهنة العلاقات العامة يجب عليهم أن يحافظوا على المصلحة العامة لأفراد المجتمع، ويجب أن توجه الجهود من أجل هذه المهمـة السامية، وتعد هـذه الرسالة المبدأ الأساسي في مهنة العلاقات العامة، كما أن الصحافة والاتصال الجماهيري

تعد مرتكزات هذه المهنة لذلك يجب أن يكون الممارسين لهذه المهنة على معرفة واطلاع حول كل ما يتصل بهذين المرتكزين.

كـما يجـب عـلى المـمارس لمهنـة العلاقـات العامـة أن يتبـع الطـرق الملتويـة في وسائل الإعلام من أجل إقناع الآخرين، وتعد هذه من الممارسات غير الأخلاقية. فيجب على الممارسين لهذه المهنة ان يتصفوا بمكارم الأخلاق، ويبتعدوا عن الغش والخداع.

المبادئ الأساسية والتنظيمية للمهنة :

تضافرت الجهود من أجل وضع مرتكزات ومبادئ لهذه المهنة الأخلاقية، ومـن أجـل ذلـك قامـت الجمعية الأمريكية للعلاقات العامة (PRSA) وكذلك الرابطة الدولية للعاملين في مجال الاتصالات والتجارة (JABC) من أجل تطوير معايير أخلاقية ومهنية للممارسين لمهنة العلاقات العامة، ووضع مبادئ مـن أجـل مساعدة فهم المجتمع للأدوار والمهام التي تقوم بها مهنـة العلاقـات العامـة، إذ تركـز عـلى تعزيـز المعايـير الأخلاقية. النقاط الآتيـة تمثل مجموعة من النقاط تخدم مهنة العلاقات العامة.

جمعية العلاقات العامة الأمريكية :

تعد جمعية العلاقات العامة الأمريكية (PRSA) من أكبر الجمعيات العالمية أنتشاراً في العالم، مقر الجمعية هو مدينة نيو يورك، وعدد الأعضاء في هذه الجمعية حوالي (20.000) عضواً ذوي جنسيات مـن 116 بلداً.

كما أن هذه الجمعيـة تقوم بمهامها تجاه المجتمع، فهـي تقـوم بتنظيـم بـرامج تطوير مهنـي وحلقات دراسية ومؤتمرات لكثير من الطلاب وطلاب العلم.

كما أن معهد العلاقات العامة الأمريكية (PRSA) يقوم بتقديم بـرامج ودراسـات لكثير مـن الإداريين، كما أنه يقوم بتقديم خدمات تخطيط استراتيجي لكثير مـن المنظمات، ويقـوم بتنظيـم بـرامج خاصة لتطوير الموظفين في مهارات الاتصال، ويقوم بإعداد

استراتيجيات اتصال متخصصة، كما أن الجمعية حصلت في عام 2004 على جـوائز كثيرة للمهـام التي تقوم بها. كما تقوم الجمعية بتقديم خدمات على موقعها على الإنترنت www.prssa.org، إذ أن هناك أكثر 248 مساق تدريبي في الموقع، كما أن هنـاك أكثر مـن 8400 عضـو مشتركين في هذه الخدمات عـبر الإنترنت.

إن معهد العلاقات العامة الأمريكية PRSA يقوم ويمارس كثير من أخلاقيات المهنية، وتتمثل هـذه الأخلاقيات في النقاط التالية:

- التأييد: إذ أن من اهتمامات العلاقات العامة التأييد لكافة العاملين في المنظمة.

- الإخلاص والصدق: يعد الصدق والأخلاق من المبادئ الأساسية للعلاقات العامة.

- الخبرة : تركز العلاقات العامة على التعلم والتطوير المستمر في مجال المهنـة.

- الاستقلالية : تتميز العلاقات العامة بالاستقلالية عن الأقسام الأخرى.

الولاء : إذ أن شعار العلاقات العامة هي الولاء للمنظمة.

عدم التحيز : تقوم العلاقات العامة على التعبير الحر وإشراك الجميع في القرار.

الحصول على المعلومات : تقوم العلاقات العامة بالحصول على المعلومات مـن خـلال البيئـة الـتي تعيشها المنظمة، ومن خلال التعرف على احتياجات الجمهور.

المنافسة: التميز في تقديم الخدمـة كمـا أنهـا تقوم على زيادة ولاء العاملين لديها، من أجل كسب ميزة عـن غيره.

الانفتاح في المعلومات : تقوم العلاقات العامة بالحصول على المعلومات بكل الوسائل المتاحة.

الثقة بالنفس : تقوم مبادئ العلاقات العامة على تحلي العاملين بالثقة بالنفس.

تعزيز الحرفيـة في المهنـة : تقوم العلاقات العامة بإعداد دراسات استراتيجية حول مهنة العلاقات العامـة من أجل تطوير المهنـة، كما أنه يقوم بكل ما هو جديد في العلاقات العامـة علـى الموقع الخـاص به وهو

www.prsa.org

الجمعية العالمية للأعمال وخدمات المجتمع (IABC):

تعد ثاني أكبر منظمة اتصال وعلاقات عامة متخصصة علـى المستوى العالمي كمـا أن موقعهـا ww.iabc.com وتقوم من خلاله بتقديم كثير من الخدمات لكافة أعضائها، كمـا أن هناك حوالي 13.000 عضو مسجل في هذه الجمعية من حوالي 60 دولة، جل هؤلاء الأعضاء مـن الولايات المتحدة الأمريكيـة وكندا والمملكة المتحدة. وهونك كونغ، كما كما أن هذا المعهد LABC يقوم بتقديم كثير مـن الخدمات للمجتمع، ولكن ليس بحجم المعهد الأمريكي PRSSA.

المعهد العالمي للعلاقات العامة (IPRA) :

يعد ثالث أكبر معهد للعلاقات العامة في العالم، والذي مقره لنـدن في المملكة المتحدة كمـا انـه يقوم بتقديم خدمات على موقع الإنترنت. www.ipra.org، ومُسجل في معهد العلاقات العامة العالمي IPRA اكثر من 1000 عضو من حوالي 96 بلدا، ولديه رسالة سامية وهي " تزويد المدراء والقياديين بكل ما هـو جديد في مهنة العلاقات العامة من أجـل مساعدهم وإنجـاحهم في أعمالهـم ". كمـا أنهـا تقوم بخدمات عالميـة من خلال المعلومات التي تنشرها على الموقع.

معاهد أخرى :

بالإضافة إلى الثلاث معاهد المشهورة على المستوى العالمي (PRSA, IABC, IPRA) فإن هناك كثير من الجمعيـات العالميـة للعلاقات العامة تقوم بتقـديم خدمات العلاقـات العامـة ومـن أمثلتها، مركـز الاستشارات وتطوير التعليم (CASE)، والمعهد

العالمي للعلاقات الاستثمارية (NIRI). كذلك جمعية تكساس للعلاقات العامة، وجمعية بـورت تريكو للعلاقات العامة.

السلوك المحترف والمتخصص:

الأخلاق تعد أحد المبادئ الأساسية للعلاقات العامة، وهذا ما تعتمده كثير مـن معاهد العلاقات العامة مثل (المعهد الكندي للعلاقات العامة CPRS، ومعهـد شمـال أفريقيـا للعلاقات العامـة PRISA والمعهد الأسترالي للعلاقات العامة PRIA).

كثير من هذه الجمعيـات تقوم بوضع المبادئ الأساسية للعلاقات العامـة مـن خـلال التعليـم المستمر والمحترف للمنتسبين لديها، ولكن مـع هـذا التطور الكبير للعلاقات العامـة إلا أنـه مـا زال دون المستوى المطلوب، ويلاحظ ذلك بأن معهد PRSA العالمي خلال ال 33 سنة الأخيرة قد زاد أعضاءه معدل 10% وهذا معدل منخفض جداً.

كما يجب أن لا ننسى بأن معهد IABC يقوم على كثير من المبادئ، فهو يركـز على تعليـم العدل والأخلاق لكافة منتسبيه. كما أن كثير مـن المعاهد الأخرى مثل PRSA تركز علـى هـذه المبـادئ العدل والأخلاق.

المبادئ الأساسية للاحتراف المهنة :

تقوم المعاهد والمنظمات المختلفة بتأسيس المباديء الأساسية لمهنة العلاقات العامة وتقوم هـذه المعاهد بوضع مرتكزات أساسية لهذه المهنة، مثل توزيـع التحليـل التفصيلي للأخبـار عـن طريـق الفيـديو واستخدام الانترنت، والتطبيق العملي في منظمة مناسبة.

التحليل التفصيلي للأخبار :

وذلـك مــن خــلال إشراك المتــدربين في قاعـة ومـــن خــلال الفيـديو تعـريفهم بكـل ما هو جديد في المهنة، كما أنه يقوم من خلال هذا الفلم الفيديو بالتعرف على

الأسلوب التحليلي للنشرات، إذ تعد هذه الطريقة مصدراً رئيسياً لحصول المنتسب على المعلومات.

الانترنت والعلاقات العامة :

يجب أن يكون الشخص والذي يعمل في العلاقات العامة قادر على التعامل مع الإنترنت، ويكون قادر على الدخول إلى غرف الدردشة (الشات) على الانترنت، وذلك من أجل أن يقيم علاقات مع المجتمع العالمي. وإن غرف الدردشة تعمل على توفير فرص الحوار والتفاعل مع الخبراء كما أنها تقوم بالتعريف عن الاحتكاك والتعرف بالممارسات الفعلية والسلوكية للأفراد، وتستطيع أن توفر لموظفي العلاقات العامة القدرة على التعامل مع العملاء المرتقبين بطريقة علمية.

الاحتراف، الترخيص، التصديق:

كيف تستطيع أن تكون مؤهلاً لمهنة العلاقات العامة ؟ وما هي الطريقة من أجل الوصول إلى الاحتراف ؟ وما هي الطريقة للحصول على ترخيص ؟

كل هذه الأسئلة وغيرها سنقوم بالإجابة عنها :

الاحتراف :

إذ كنت ممارس للعلاقات العامة فيجب عليك أن تتصف بمجموعة من الصفات من أجل أن تكون متميزاً في هذه المهنة وأهما القابلية للتطور وكذلك المهارة والمعرفة وأن تكون ملماً بجميع المبادئ الخاصة بالعلاقات العامة، كما يجب عليك أن يكون لديك خلفية عن العلاقات العامة وتطالع كل ما هو جديد في هذه المهنة، إذ يمكنك عن طريق معهد PRSA أن تتعرف على كل ما هو جديد حول هذه المهنة. إذ أن هذا المعهد يقوم بتوفير كثير من الأدبيات والمراجع التي تهمك، كما يجب أن لا ننسى بأنك يجب أن تكون لديك حس بالمسؤولية، كما يجب أن تتمتع بالاستقلالية، وكذلك اهتمام بالعلاقات

العامة وأن يكون لديك سمعة حسنة، وأن تمتلك الولاء للمنظمة كما يجب عليك أن تعمل بروح الفريق.

الشهادة :

قبل ان تمارس مهنة العلاقات العامة يجب أن تكون مؤهلاً وحاصلاً على شهادة تجيز لك الدخول في هذه المهنة، وان تكون متابعاً لكل ما هو جديد في العلاقات العامة يمكنك أن تعرف ذلك من خلال الرجوع إلى الموقع الالكتروني للمعهد PRSA.

التصديق:

يجب أن تكون عالماً بكل المبادئ الخاصة بالعلاقات العامة كما يجب عليك أن تلتحق بمعهد يقوم بتدريس العلاقات العامة ومن ثم يمكنك الحصول على شهادة مصدقة ومعتمدة، وبذلك تكون مؤهلاً، فمثلاً يعد معهد PRSA أشهر هذه المعاهد على الإطلاق إذ يقوم بأداء مهامه خلال 40 سنة مضت، يمكن أن تكون عضواً في هذا المعهد كما يمكنك الانتساب وأن تكون في كثير من المعاهد المتخصصة الأخرى مثل (PRISA) (PRIA) (CPRS) , (APR). وهذه المعاهد لها باع طويل في العلاقات العامة ويمكنك الحصول على شهادة بالانتساب إلى هذه المعاهد، كما أنها على طبيعة الحال مصدقة ومعترف بها.

الانتساب إلى معهد PRSA

يعد معهد PRSA من المعاهد الأولى والمتخصصة في العلاقات العامة إذ تم تأسيسه عام 1965، ويقوم خلال بتقديم خدماته لكل عضو، كما أنه يجب أن ينجح بالامتحان حتى يمكنه الحصول على شهادة تؤهله في القيام بأداء مهام العلاقات العامة.

كما أننا نلاحظ في عام 2003 زيادة واضحة في الانتساب في هذا المعهد. كما أن معهد APR الكندي للعلاقات العامة يقوم بتقديم خدمات مشابهة وفي الآونة الأخيرة بلغ عدد المنتسبين إليه ما يقدر بـ 5000 منتسب، أي بزيادة بلغت 25% عن   السنوات السابقة.

الخطوات الأساسية من أجل الاحتراف :

معهد RRSA وكذلك معهد LABC قاما بوضع عدة مبادئ أساسية من أجل الاحتراف والتخصص في المهنة، من أهمها أولاً الانتساب إلى جامعة أو معاهد متخصصة ومن ثم تنفيذ مشاريع بحثية وكذلك أن يكون لك مبادئ وقواعد أخلاقيـة.

التعليم :

يقـوم معهد IABC , PRSA وكذلك معهـد NCA بالتعـاون مـع مجلـة AEJMC بمجموعـة مـن النشاطات من أجل توحيد المناهج التعليمية، ووضع مبادئ وأسس للحصول على درجة الماجستير في هذا التخصص، كما أوصت هذه المعاهد بأن البرامج والدورات التي يتم عقدها يجب أن يكون الطالب قادراً على أن يكون ملماً بالمبادئ الأساسية للعلاقات العامة وأن يكون قادراً على البحث والتقييم والتخطيط والكتابة والتعرف على المبادئ الأساسية في زيادة الانتاج، كما يجب أن يقوم بالتدرب والممارسة الفعلية من خلال التدرب في منظمة معينة.

كما أوصت اللجنة بأن يقوم بدراسة مجموعة من المقررات تتمثل في النظريات والمبادئ والقانون ومبادئ البحث والإدارة وبرامج عن الانتاجية ونظرية التواصل والتسويق والعمل الاجتماعي، ومبادئ علـم الأخلاق.

الأخلاق والممارسة العملية :

يجب أن يكون الشخص مؤهلاً في العلاقات العامة، كما يجب أن لا ننسى بأن الأخلاق تعد من المبادئ الأساسية للعلاقات العامة فيجب أن يكون الشخص ذو مبادئ وأخلاق، وأن يبتعد عن المراوغة والخداع والكذب، كما يجب عليه أن يكون لديه حس بالمسؤولية تجاه أبناء مجتمعه، كما يجب أن يحترم وجهة نظر الخصوم، كما يجب أن يتحلى بالثقة بالنفس، وان يكون عادلاً ومصيباً في النظر إلى الأمور، ويجب عليه أن يضع أهداف خاصة يمكن تحقيقها بفترة قصيرة. كما يجب ان لا ننسى بأن الولاء للمؤسسة تعد من المبادئ الراسخة لدى ممارس العلاقات العامة.

الإطار العام لمواصفات العاملين بالعلاقات العامة:

أن الجهد الموفق في العلاقات العامة يعتمد دائماً على التفاعل المستمر بين مختلف أنواع المواهب والمهارات في المؤسسة، فنجاح أي تنظيم يتوقف إلى حد كبير على العنصر البشري فالطاقة البشرية هي الشرط الأول اللازم للنجاح وإنشاء تنظيم على أسس وقواعد علميه يعتمد على الكادر البشري المؤهل للقيام بالواجبات المحددة.

إن النجاح في اختيار العاملين في أجهزة العلاقات العامة يتوقف أساساً على الفهم الواضح لما تتوقعه المؤسسة من هذه الأجهزة ومن العاملين فيها وهذا التوقع يمثل ضرورة كبيرة يجب أن يؤخذ بنظر الاعتبار عند إعداد الخطط والبرامج الخاصة بإعداد جهاز العلاقات العامة ورفده بالعاملين ذوي القدره والكفاءه.

أما بالنسبة لعدد العاملين فلا يخضع لقانون أو لقاعده ثابته، فعددهم يتوقف على حجم المؤسسة أولاً وحجم العلاقات العامة ومهمات وطبيعة هذا الجهاز من حيث البساطة والتعقيد وأهدافه وخططه ثانياً وبديهي كلما توسعت المؤسسة توسع معها جهاز العلاقات العامة ومن جهة أخرى إن تسميات المسؤوليات الوظيفية في جهاز العلاقات العامة تختلف من مؤسسه لأخرى فهناك من يستعمل مصطلح الرئيس أو مدير لتسمية

مسؤول جهاز العلاقات العامة وهكذا بالنسبة للمسؤوليات الأخرى كمـدير شـعبة فـإن طبيعـه المسؤولية يمكن معرفتها عن طريق وصف الوظيفة ذاتها.

وبشكل عام إن العاملين في جهاز العلاقات العامة لا بد أن يتميزوا ببعض الصفات والمزايا بحكـم لما لهذه الوظيفة من أهمية وخصوصية في العمـل إضـافة إلى التخصـص الـدراسي والخـبرة، ويعطـى أحـد الخبراء بعلم النفس وصفاً عاماً لصفات رجال العلاقـات العامـة منهـا القـدره عـلى النظـر إلى المسـائل مـن وجهة نظر شخص أخر، والعمل بما يعود بالنفع على هذا الشخص، والقدرة على تبين التفصيلات وعلى أداء المهام تلقائياً، والرغبة في مساعده الأشخاص الآخرين، لـيس في إطـار المجاملـه التقليديـة وإنمـا عـن طريـق التعرف على هوية مصالح الآخرين، ويتسم رجال العلاقات العامة عاده بروح الصداقة وهـم محبـوبين مـن الآخرين بعيداً عن الغرور والإعجاب بالذات.

إن الذي يعمل في مجال العلاقات العامه له موقع مؤثر في الحيـاة الاجتماعيـة والرسـمية وعليـه بالحصانة واللياقة والرصانة والجد في أحاديثه وأعماله ويتجنـب التفـاخر والمباهـاة وعليـه أن يتفاعـل مـع الناس عـلى قـدم المسـاواه متجـاوزاً للفـوارق الثقافيـة والاجتماعيـة، وأن يكـون ودوداً ويجمـع في صـفاته الصراحه الخالية من الادعاء والزهو، وأن يتميز رجل العلاقات العامة بالتبصر- والحـرص والأمانـة والنزاهـة والسمعة الطيبة والهدوء والمرونة وغيرها من السمات الذاتية الخاصة لكونها تؤثر بدرجة كبـيره في مهمتـه كون هذه الصفات أصلاً صفات إجتماعية مستحبه إلى الناس جميعاً.

كما يجب أن يتزود بمهارات مهنية حتي يستكمل الصفات التي تجعله أداة صالحة لإشاعة الصدق كمدخل لا غنى عنه في العلاقات العامة كما يستحسن أن يكون رجل العلاقات العامة شخصية مرحة، تحسن الاستقبال والترحيب، وتشد على أيدي الضيوف، وما يتركه ذلك من أثر عند الآخرين فهو خبير بالنفس البشرية دارس لإستجابتها وتصرفاتها في المواقف المختلفة، كما أنه يعرف الكثير من

العقبات التي تقف في سبيل الاقناع، كالتعصب والكراهية والأنانية وتضارب المصالح وغير ذلك.

ومـن أجـل أن يكون رجـل العلاقـات العامـة صالحاً لأداء عملـه يجب أن يتفهم الاتجاهـات والتطورات التي تحدث في الرأي العام، كمـا يجـب أن يكون عـلى علـم تـام بسياسـات الإدارة ومشكلاتها ويؤمن إيماناً كاملاً بعمله ورسالته التي يؤديها متيقظاً لما يدور حوله داخل المؤسسة وخارجها مـن أحداث تتيح له طريق الاستفاده من كل فرصة لخدمه الجمهور وتحقيق مصالحه سواء بنقل المعلومـات إليـه أو بالرد على أسئلته أو بأداء خدمة واقعية له، وهذه اليقظة أيضاً تتيح له فرصة البت السريع في العمل وهي صفه أساسية لرجل العلاقات العامة، ففي دقائق يتطلب من رجل العلاقات العامة أن يبت مثلاً في مـدى وأهمية نشر خبر له أثر في نفوس الجمهور، وكذلك أن يكون رجـل العلاقات العامة موضوعياً في تفكيره وأن يهتم بمشكلة الجمهور وأن يتميز بالشجاعة في نقل إتجاهاتهم وأن يكون اجتماعياً بطبعه وذو شخصية مكتملة ونضج عاطفي وذاكره قويه وعقل ومنظم، وأن يكون مؤدباً، لبقاً سريع البديهة ولديه القدرة عـلى الاستمالة والاعتراف بالخطأ حين الوقوع فيه.

أخلاقيات العمل في العلاقات العامة:

حدد دستور جمعية مستشاري العلاقات العامة عشرة نقاط تتعلـق بأخلاقيـة العمـل والعاملين العامة أوجبت أعضائها التقيد بها:

1-   لكل عضو واجبات محددة بصورة واضحة اتجاه الجمهور.

2-   أن يتعهـد كـل عضو بعـدم الاشـتغال في أي مهنـة تقـود إلى فسـاد وسلامة الاتصـال الجماهـيري والقوانين.

3- على العضو أن لا يقوم بنشر معلومات كاذبة ومضللة.

4- على العضو أن لا يقدم خدمات لأسباب أو لأغراض غير مكشوفة أو يعطي أسباب غير واقعيه.

5- على العضو أن يحمي ثقة جمهوره الحالي والسابق وأن لا يستخدم هذه الثقة.

6- على العضو أن لا يقبل استشارة جهتين لديها مصالح متضاربه إلا بعد أخذ موافقة كل منها.

7- على العضو أخبار الشخص المتعاقد معه عن أي ممتلكات أو مصالح مالية تعود له أي العضو نفسه لدى أي شركة أو مؤسسة أو شخص عندما يقترح ذلك الشخص أو الشركة.

8- على العضو أن لا يقترح على الزبون بأن يتوقف عن رفع الأجور والتعويضات المالية على تحقيق نتائج معينة أو أن تتأثر الأجور بنفس الطريقه بالنتائج المتحققة.

9- على العضو أن لا يقدم إلى الزبون المتوقع مقترحاً تفصيلياً لبرامج العلاقات العامه قبل تعيينه فعلاً.

وفي عام 1961م صدر دستور آخر مماثل لدستور جمعية مستشاري العلاقات العامة من قبل جمعية العلاقات الدولية وقد أدخل عليها بعض التعديلات في عام 1965م عندما صار مرتبطاً بدستور السلوك المهني العروف بدستور أثينا والذي اتخذ في وقت واحد من قبل الجمعية العالمية للعلاقات العامة والمركز الأوروبي للعلاقات العامة.

الخصائص الواجب توفرها في رجل العلاقات العامة:

1- النشاط:

العلاقات العامة عمل مستمر وحيوي ومتعدد المجالات وجهد متواصل مما يتطلب أن يتصف من يعمل بالعلاقات العامة بالقدرة على التحرك السريع ودون ملل وبذل أقصى الجهود لنجاح مهمته.

2- حسن المظهر والمنطق والجاذبية:

من مظاهر هذه الشخصية سماحه الوجه ورقه الحديث والكلام وتناسق القوام وحسن الهندام وقادر على التعبير الكلامي بشكل مؤثر وأن يتميز بالشخصية القوية والجذابة لينال إعجاب الآخرين ويرشدهم باللفظ والعبارة وقوة الشخصية، فالناس ينجذبون ما هو محبب لهم.

3- الشخصية المستقرة والملتزمة:

لا بد أن يتصف رجل العلاقات العامه بالشخصية المستقرة الهادئة لتحقيق التفاهم مع الأفراد والجماعة وكسب تأييدهم وخلق انطباع طيب عن المؤسسة لدى الجمهور التي تمثل العلاقات العامة.

4- الشجاعة:

لا بد أن يكون رجل العلاقات العامة قوي الشخصية، متصفاً بالشجاعة ليتمكن من عرض آراءه واقتراحاته بقوة والدفاع عن وجهة نظره أمام الإدارة العامة لأن ضعف مدير العلاقات العامة يعني تأخر علاج المشكلات الناتجة عن أخطاء الإدارة العليا وبالتالي يزداد الأمر سوءاً فرجل العلاقات العامة مسؤولاً عن إسداء النصح للمؤسسة، وأيضاً مواطن الخلل ومصادر الأزمات وأسبابها قبل وقوعها.

5- الاقناع:

ومن مميزات رجل العلاقات العامة أن تكون له القدرة على التأثير في نفوس النـاس وإقنـاعهم بلباقة فهو ليس بالشرطي الذي يستعمل القوة كما أنه ليس ساحراً أو محتالاً يستغل الدعاية الكاذبة وإنمـا هو خبير في النفس البشرية، والجماعة الإنسانية يعرف كيف يوجه ويرشد وكيـف يقنـع بـاللفظ والعبـارة وقوه الشخصية فلا بد أن يكون قادراً على استمالات الغير للأفكار التي يعبر عنها إضافة إلى إمكانية تحليله لوجهات النظر المعروضة قبل تقديم أفكاره.

6- الذكاء:

لا بد أن يكون رجل العلاقات العامة ذكياً، ناضج الشخصية، أهلاً للثقـة فالـذكاء عنصر ـ هـام في تكوين شخصية رجل العلاقات العامه فهو يقوم بتمثيل المؤسسة وحل مشكلاتها الإنسانية وتوطيد علاقاتها الاجتماعية.

7- التكييف:

عامل أساس في العلاقات العامـه الطيبـة ومن الحقـائق المتفـق عليهـا أن النـاس والجماعـات والهيئات يعوزها أن تتكيف فيما بينها، إذا أريد أن يكون لنا مجتمـع متجـانس فمـن واجبات العلاقات العامة تحقيق التفاهم عن طريق الاتصال بالآخرين، لذا من الواجب أن يكون رجل العلاقات العامة مقبلاً على الغير، محباً للاندماج معهم لكي يتعرف على طريقة تفكيرهم وأساليب التأثير فيهم فالمؤسسـة التـي لا تتكيف مع اتجاهات وأعمال الجمهور سيترتب عليها الفشل لأن هذا التكييف يرتكز علـى نقل المعلومات والإقناع.

8- الكياسة:

إن المثل الأعلى لرجل العلاقات العامة هو الاتصاف بالكياسة ودقه السلوك، فإذا لم تكن الكياسـة طبعاً فيه فعلى الأقل أن يتطبع بها فهي تتطلب سليقة وذاكره واعية،

لم تتح لكل إنسان، وعليه أن يتجنب التورط في أعمال قد تعتبر منافيه للذوق السليم كما يتطلب منه الدقة بالعمل فالخطأ يولد دائماً الامتعاض والاستياء.

9- **الاستقامة والصدق:**

ينبغي لكل من يعمل في العلاقات العامه أن يكون قادراً على عرض الحقائق عرضاً سليماً على الجمهور لكي يظفر بتأييده ويكسب ثقته وأن يتحلى بالسمعة الطيبة والأخلاق الفاضلة وأن هذه الصفات هي من الصفات الاجتماعية التي يؤكد عليها المجتمع والدين وإنها تدل على خلفية وتاريخ العائله والمجتمع.

ويقول ادوارد بيرنيز في كتابه العلاقات العامه إن من واجب اخصائي العلاقات العامه أن يدعم سمعته وسمعة مهنته وأن الخبره الملحوظة في هذا المجال تؤطر من خلال لائحة أخلاقية تتضمن مجموعة من المبادئ الأخلاقية الصارمة ويجب عليه أن يعكس أخلاقه على الجمهور، وما لم يؤكد أخصائي العلاقات العامة هذه اللائحة الاخلاقية بأفعاله ويؤيدها بأقواله فإن النجاح سوف لن يكون بجانبه، وكما سيفقد ثقه الآخرين به، تلك الثقة التي لا غنى عنها من أجل التقدم والنجاح في أساليب الاتصال التي يستخدمها.

10- **الموضوعية:**

وهي القدرة على النظر بتجرد عن الذات إلى المشكلات المعروضة والتوصيات المطروحة وأسلوب العمل وتجنب التميز العنصري أو الشعوبي أو الديني أو الاجتماعي أو ما إلى ذلك من الاتجاهات التي تفسر سلوك الفرد ولهذا فإن الموضوعية تعني التجرد من الآراء والأفكار والاتجاهات والمعتقدات، فمن الضروري أن يكون رجل العلاقات العامة موضوعياً مع نفسه في حكمه على مقدرته في أن يعمل كأخصائي للعلاقات العامه، وإذا لم يكن موضوعياً فسوف يكون من العسير أن يكون موضوعياً اتجاه الآخرين.

11- **الاحساس العام:**

أن يتميز رجل العلاقات العامة بالقدرة على الشعور بمدى توافقه مع الغير أو بالعكس وأن يعرف متى يتكلم ومتى ينصت ومتى يدافع أو يهاجم، ومتى ينتظر ظروفاً أفضل للدفاع أو الهجوم كما أن الحرص ضروري حتى لا يؤدي زلة لسان إلى مشكلات يصعب حلها وأن تتوفر لديه القدرة الإيجابية على التحليل والتأليف مستمداً مقاييسه في الحكم من بداهته ومنطقه وفطنته السليمة.

12- **الخيال الخصب:**

العلاقات العامه وظيفه خلاقة تعتمد على الابتكار في مواجهه المشكلات الجديدة والتغلب على الآراء المعارضة في إضعافها لكسب فئات جديدة من الجماهير كما لا بد أن يتميز بالخق والإبداع والمبادرة

.

المؤهلات العلمية لرجل العلاقات العامة:

إضافة إلى الصفات التي تم استعراضها لا بد من توفر مؤهلات علمية والتي تتخلص بما يلي:

1- أن يكون مزوداً بالأصول العلمية والعملية في علم وفن العلاقات العامه كدراسة علوم الاجتماع والنفس والإدارة إلى جانب دراسة المنهج العلمي في العلاقات العامة وأساليب قياس إتجاهات الرأي العام وتعديلها وتوجيهها وأن يكون رجل العلاقات العامة حاصلاً على شهاده علمية من معهد أو كلية بإحدى إختصاصات الإدارة أو اللغات أو الإعلام أو الصحافة أو السياحة أو المكتبات أو علم الاجتماع.

2- له القدرة على القراءة واستيعاب المعلومات وتأثيرها وكما لا بد أن يتمتع باليقظة والانتباه عند الاستماع للجماهير أو لوسائل الإعلام ليتمكن من صحة التحليل فإن رجل العلاقات العامة الناضج هو الذي يراقب الناس وهو الذي يستمع إليهم.

3- كما أن تكون له القدرة على الكتابة والتعبير بهدف الاقناع، وأن تكون الكتابة خالية مـن المصـطلحات المعقدة، فالكتابة وظيفتها نقل الأفكار والمعلومات والأحداث مما لا بد منه أن تكون بسيطة وواضحة ومؤثرة.

المراجع العربيـــة:

1. إبراهيم أمام: العلاقات العامة والمجتمع، ط3 ، القاهرة : مكتبة الأنجلو المصرية 1976.

2. أحمد كمال أحمد: العلاقات العامـة في المجالات الاجتماعيـة والإنسـانية، مكتبـة القاهرة الحديثـة، القاهرة، 1967.

3. أحمد ماهر، الاتصال، كلية التجارة، جامعة الإسكندرية، الإسكندرية، 1998.

4. أحمد محمد المصري: العلاقات العامة، الإسكندرية: مؤسسة شباب الجامعة للطباعة والنشر 1985.

5. أحمد محمد المصري، العلاقات العامة، مؤسسات شباب الجامعة، الإسكندرية، 1983.

6. ادوار د. بيرنيز وآخرين، ترجمة وديع فلسطين وحسني خليفة: العلاقات العامـة فـن، دار المعارف القاهرة.

7. ادوارد بيرنز: العلاقات العامة ، ترجمة وديع فلسطين وحسـني خليفـة، دار المعارف بمصر الطبعـة الثانية، القاهرة 1967.

8. د. إبراهيم إمام: فن العلاقات العامة والإعلام، مكتبة الأنجلو المصرية، القاهرة، 1980م.

9. د. إحسان عسكر: المدخل إلى العلاقات العامة، الطبعة الأولى، دار النهضة العربية، مصر، 1979م.

10. بدر، أحمد، الإعلام والاتصال بالجماهير"، القاهرة: 1981 .

11. تولتشينسـكي. غ. ل. العلاقـات العامـة- الشـهرة - التـأثير - العلاقـات والاتصال مـع وسـائل الإعـلام الجماهيرية، بطرس بورغ 1994 ص 13-15.

12. تيسير أبو عرجة: الاتصال والعلاقات العامة" عمان: جامعة القدس المفتوحة 1996.

13. جان شوميلي ودني هويسمان: العلاقات العامة، ترجمة فريد انطونيوس، بيروت 1970م.

14. جميل أحمد خضر، العلاقات العامة، دار المسيرة للنشر والتوزيع والطباعة، عمان، 1998.

15. جيهان أحمد رشتي: الإعلام ونظرياته في العصر الحديث، دار الفكر العربي، القاهرة، 1973.

16. حسن أحمد توفيق: العلاقات العامة، مكتبة النهضة المصرية، القاهرة 1958.

17. حسن الحسن: " التفاوض والعلاقات العامة" ، بيروت: المؤسسة الجامعية للدراسات والنشر والتوزيع 1993 ، ص 17.

18. حسن الحسن: الرأي العام والإعلام والعلاقات العامة، الدار اللبنانية- بيروت (بدون تاريخ).

19. حسن الحلبي: " مبادئ العلاقات العامة"، بيروت، منشورات عويدات، 1980.

20. حسن محمد خير الدين : " العلاقات العامة المبادئ والتطبيق"، القاهرة: مكتبة عين شمس د. ت .

21. حسن محمد خير الدين: العلاقات العامة، مكتبة جامعة عين شمس، عين شمس 1960

22. الحسن محمد فريد: العلاقات العامة المبادئ والتطبيق، دار الجامعية، الإسكندرية.

23. حسنين عبد القادر: أصول العلاقات العامة، مكتبة النهضة المصرية، القاهرة 1962.

24. حسين علي محمد: المدخل المعاصر لمفاهيم ووظائف العلاقات العامة، مكتبة الأنجلو، 1976م.

25. حسين محمد علي: العلاقات العامة في المؤسسات الصناعية، مكتبة الأنكلو المصرية، القاهرة 1966.

26. خليل صابات: الإعلان، تاريخه، أسسه وقواعده فنونه وأخلاقياته. مكتبة الأنكلو المصرية، القاهرة 1969.

27. د. فخري جاسم سلمان وآخرون، العلاقات العامة، وزارة التعليم العالي والبحث العلمي، بغداد، 1981.

28. رضا عبد الرزاق وهيب، فؤاد السبتي، وفضيلة زلزلة، العلاقات العامة في المؤسسات الصحيفة، بغداد وزارة التعليم العالي والبحث العلمي 1985.

29. رمضان زياد: العلاقات العامة في منشآت القطاع الخاص، مفاهيم وواقع، عمان: 1986.

30. د. زكي راتب غوشة، العلاقات العامة في الإدارة المعاصرة، عمان 1981.

31. د. زكي راتب غوشه: العلاقات العامة في الإدارة المعاصرة، مطبعة التوفيق، عمان 1981م.

32. د. زياد رمضان: العلاقات العامة في منشآت القطاع الخاص مفاهيم وواقع، الطبعة الأولى، دار صفاء للنشر، عمان، 1998م.

33. سمير محمد حسين: بحوث الإعلام الأسس والمبادئ، مكتبة الأنجلو، القاهرة، 1976م.

34. سيد خيري: الإحصاء في البحوث النفسية والتربوية والاجتماعيـة، مكتبـة النهضـة المصريـة، القـاهرة 1957.

35. د. سيد حنفي عوض: العلاقات العامة، الاتجاهات النظرية والمجالات التطبيقية، الطبعة الثالثة، دار المعارف، القاهرة، 1983م.

36. د.سعادة الخطيب: مشاركة م. ت. ف. في دول عدم الانحياز، دار الكرمل، الأردن 1989م.

37. صالح أبـو أصبع : الاتصـال والإعـلام في المجتمعـات المعـاصرة"، عمـان: دار آرام للدراسـات والنشرـ والتوزيع 1995 .

38. صالح الشبكشي: العلاقات الإنسانية في الإدارة، مكتبة القاهرة الحديثة، القاهرة 1969.

39. طلعت زهيري: الإعلان بين العلم والتطبيق دار المعارف، القاهرة 1975.

40. طلعت همام، مائة سؤال في العلاقات العامة والإعلان، دار الفرقان، عمان 1984

41. د. طلعت الزهيري: الإعلان بين النظرية والتطبيق، دار المعارف، القاهرة، 1975م.

42. عادل حسن: العلاقات العامة ، بيروت: دار النهضة العربية للطباعة والنشر 1984

43. عادل حسين، العلاقات العامة، دار النهضة العربية، القاهرة، 1974.

44. عبد الخالق محمد عفيفي، العلاقات العامة، مفاهيم نظرية وتطبيقات عملية مكتبة القاهرة الحديثة، القاهرة، 1991.

45. عبد العزيز محمد: العلاقات العامة مدخل بيئي، المكتب العربي الحديث، الإسكندرية، 1993م.

46. عبد اللطيف حمزة: الإعلام له تاريخه ومذاهبه، دار الفكر العربي، القاهرة، 1965.

47. عصام سليمان موسى، المدخل في الاتصال الجماهيري، إربد: مكتبة الكتاني، 1986.

48. علي عجوة : الأصول العلمية للعلاقات العامة، القاهرة: عالم الكتب 1977.

49. علي عجوة، الأسس العلمية للعلاقات العامة، عالم الكتب، القاهرة، 1977.

50. د. عبد الرزاق محمد الدليمي ، الاعلام اشكاليات التخطيط والممارسه، دار جرير، عمان،2010

51. د. عبد الرزاق محمد الدليمي ، الدعاية والارهاب، دار جرير، عمان،2010

52. د. عبد الرزاق محمد الدليمي ،فن التحرير الاعلامي المعاصر، دار جرير، عمان،2010

53. د. عبد الرزاق محمد الدليمي، الإعلام والعولمة، مكتبة رائد العلمية، عمان 2005.

54. د. عبد الرزاق محمد الدليمي، العلاقات العامة في التطبيق، دار جرير، عمان 2005.

55. د. عبد الرزاق محمد الدليمي، العلاقات العامة والعولمة، دار جرير، عمان 2005.

56. د. عبد الرزاق محمد الدليمي، عولمة التلفزيون، دار جرير، عمان 2005.

57. د. عبد المعطي عساف، مبـادئ الإدارة العامـة وتطبيقاتهـا في المملكـة العربيـة السعوديـة، الريـاض 1983.

58. د. عبد المعطي عساف، مقدمـة إلى علم السياسـة، طبعـة ثانيـة دار مجدلاوي للنشـر والتوزيـع، عمان1988.

59. د. علي عجوة، العلاقات العامة والصورة الذهبية، الطبعة الأولى، عالم الكتب، القاهرة، 1983م.

60. فؤاد دياب: الرأي العام وطرق قياسه: الدار القومية، القاهرة، 1964.

61. كنجستون وكاوجسين ورالف ليفي: الإذاعة بالراديو والتلفزيون، ترجمة : نبيل بـدر، مراجعـة:سـعد لبيب، مؤسسة سجل العرب، القاهرة 1965.

62. مارشال ادوارد ديموك: الإدارة العامة ، ترجمة: إبراهيم البرلسي، مؤسسة الحلبي، القاهرة، 1967.

63. محمد سعيد أحمد، كيف تحقق الممارسة السليمة للعلاقات العامة، مجلة العلاقات العامةالعربية، العدد 134، مارس 1991.

64. محمد طلعت عيسى:العلاقات العامة كأداة للتنمية، دار المعـارف بمصر- الطبعـة الرابعـة، القاهرة، 1970م.

65. محمد عبد الله عبد الرحيم، العلاقات العامة، جامعة القاهرة، القاهرة، 1989.

66. محمد محمد البادي، البنيان الاجتماعي للعلاقات العامة، مكتبة الأنجلو المصرية، القاهرة، 1978م.

67. محمد محمد عبدالفتاح: العلاقات العامة في المؤسسات الاجتماعية، أسس ومبـادئ المكتـب العلمـي للنشر، الإسكندرية، 1994م.

68. محمود فهمي العطروي: العلاقـات العامـة الإداريـة في المؤسسـة العامـة والشركات، عالم الكتب، القاهرة، 1986م.

69. محمود محمد الجوهري: الاتجاهات الجديدة في العلاقات العامة، مكتبة الأنجلو المصرية، القاهرة، 1971.

70. محي محمود حسن منصـور وسمير حسـن: العلاقـات العامـة والإعـلام في الـدول الناميـة، المكتـب الجامعي الحديث، الإسكندرية، 1985م.

71. مختار التهامي: الرأي العام والحرب النفسية، دار المعارف، القاهرة 1974.

72. مختار التهامي، إبراهيم الداقوقي، مبادئ العلاقات العامة في البلـدان الناميـة، وزارة التعليم العـالي والبحث العلمي، بغداد، 1980.

73. د. محمد فريد الصحن ، العلاقات العامة المبادئ التطبيق، 1988.

74. د. محمد منير حجاب وآخرون، المـداخل الأساسـية للعلاقـات العامـة، دار الفجر للنشـر والتوزيـع، القاهرة، 1995.

75. د. محمود عساف: أصول الإعلان، دار النشر العربي، القاهرة، 1969م.

76. د. مهدي حسن زويلف، د. أحمد القطامين: العلاقات العامة النظرية والأساليب، دار جنـين، عـمان، 1994م.

77. المركز العربي للدراسات الإعلامية للسـكان والتنمية والتعمـير: معاهـد الصحافة والإعلام في الوطن العربي، القاهرة 1976.

78. منذر عنتباوي: أضواء على الإعلام الصهيوني، مركز الدراسات الفلسطينية، بيروت 1968.

79. نيجل أليس وبات بومان: العلاقات العامة في مجالات التطبيق العملي، مكتبة القاهرة الحديثة،
     القاهرة، 1967.

80. هنري كاسبرز: التعليم عن طريق التلفزيون، ترجمة: سلامة حماد، مراجعة: مصطفى حبيب،
     مؤسسة سجل العرب، القاهرة 1964.

81. ويمر، روجير/ ودومينيك، جوزيف ، مناهج البحث الإعلامي، ترجمة صالح أبو أصبع ، دمشق : صبرا
     للطباعة والنشر 1989.

المراجع الإنجليزية:

1- Alan Bernstein, The Emergency Public Relations Manual, 3d ed. (Santa Barbara, Calif: Emergency Management Consultants, 1993).

2- Arnoff, Craig & otis Basking public Relations The Profession and the Practice (St paul Minnesota: west Publishing 1983).

3- Aronoff craig & Otis Baskin Public Relations The Profession and the Practice (st pual Minnesota: west Publishing 1983).

4- B. Sigband Norman , H. Arthur Bell , Communication for Management & Business, (Illinois : Scott Foresman and Company , 1988).

5- Baskin O. Aronoff C Public Relations the Professional & the practice New York, 1992.

6- Bedrd M. Running a public Relations Department . London. 1997.

7- Bernays, Edward L. Crystallizing public opinion, New York, Boni and Liveright 1927.

8- Black , Sam . Practical Public Relations (New Delhi, Universtiy Book stall, 1994).

9- Black S. Introuction to public Relations. London, 1989.

10- Black, Sam Practical Public Relations London, 1976.

11- Black, Sam. Practical public Relations, London, 1976.

12- Black, Sam: Practical public Reltions , Second Edition , Sir Isaac Pitman and Sens LTD London 1966.

13- Blake & Heroldsen, A Taxonomy of Concepts in Communication (New York Hasting House , 1979).

14- Bland M. Be Your Own PR Man. London, 1987.

15- Boves, Courland L. And John V. Thill, Business Communication Today , 4th Ed. New York : McGraw – Hill . 1995.

16- Bowman p, Nigil E, Manual of public Relations, Cases & R. chapd D. Irwin, I 11, 1968.

17-   C. Wofford Jerry, A Edwin Gerloff and C. Robert Cummins Oraganizational Communication, (Tokyo: McGraw Hill Inc, 1997).

18-   Cantril Hadley Gauging public Opinion- N, J- 1979.

19-   Center Allen H , and Frank E. Walsh Public Relations practices : Case Studies, 2nd ed, Englewood Cliffs. New Jersey, prentice Hall, Inc, 1991.

20-   Chandan Jit S: Orgunizational Behaviour (New Delhi Vikas Publshing House 1995).

21-   Chids, Harwood, An Introduction to public opinion, John wiley, & sons, 1940.

22-   Child's Horwood. Public Opinion : Nature, Formation, and role- N.J, 1965.

23-   Cole G.A, Management : Theory and Practice . Fourth edition. London : DP Publication LTD 1993.

24-   Cranny C. J and Others Job Satisfation : How people eel about their and How it affect their performance, Lexington, New York , 1992.

25-   Cyril, Folkes, Edward, Job Satisfaction as a Consequence of wofking Climate , Canadn, The University of New Brunswick, 1993.

26-   Daver Ruston S: Creative leadership (New Delhi: IBS Publishers 1994).

27-   Davis, Keith, Human Behavior At Work Organizational Behavior (N. Y: McGraw- Hill Inc, 1998, Sixth Edition).

28-   Domminick, Joseph R: The Dynamics of : Mass Communacation (New York : Mc Grew Hill publishing Co. 1990).

29-   Dortch, Thomas, "Job Person-Match" Personal Journal Vol. 68, No, 1989.

30-   Dunn, op. cit.

31-   Dunn, S. Watson, Public Relations: A Contemporary Approach. UK: Homewood , III: Irwin, 1996.

32-   Edward Bernays, Crystauizug public Opinion, N. Y- 1961.

33-   Encyclopedia Americana , Vol, 22, 1982.

34-   Fabun Communication, Transfer of Meaning Glencoe Press. London, 1960.

35-   Haberman , David A. and Harry A Dolphin, Puplic Relations: The Necessary Art , Ames, Lawa State University Press, 1988.

36-   Halloran Jack. Applied Human Relations, Organizational Approach, (Englewood Cliffs: Prentice- Hall Inc, 1988).

37-   Halow Rex F: Building a Public Relations Definition" Public Relations Review 2, No 4 (Winter 1976).

38-   Hebert, Ungatait: & Bohn : Mass Media : An Introduction to Modern Communication (New York : Longman 1979).

39-   J, Giblin, Edward "the Challenge Facing Human Resources," Peronnel (July August. 1994).

40-   J. E Marston " The Nature of public Relations. McGraw- hill. 1973.

41-   J. Kumar Keval, Business Communication A Modern Approach (Bombay: JAICO publishing House, 1992, First Edition).

42-   Jack A. Gottschalk, ed, Crisis Response: Inside Stories on Managing Image Under Siege (Petroit: Visible Ink Press, 1993).

43-   James, Derriman . Public Relations in Business Management London . University Press of London , 1994.

44-   Kathleen Fean- Banks, Crisis Communication: A Casebook Approach (Hillsdale, N. J: Lawrence Erlbaum Associates, 1995).

45-   Katz & Kahn the Social Psychology of Organizations, John Wiley & sons , New York , 1979.

46-   Konntz Harold & O'Donnell Cyrill: Esseintials of Management (New York: Mc Graw – Hill co. 1979).

47-   L. W Nolte " Fundamentals of Public Relations". Peroman Press 1974, P. 33.

48-   London, Instiute of public relation, 1995.

49-   M. Steers, Richard, Introduction To Organizational Behavior (Glenview: Scott, Foresmans and Company, 1988, Third Edition).

50- Marston, John E, Ramadan, Zeyad & Others, Small Scale and Handicrafts Industries In Jordan, 1977.

51- Martin Lynn, Exploring the Role of public Relations in Organizational Change Public Relations Journal . October – November, 1994.

52- Mayer, G. W. "Public Opinion Measuring satisfaction with Organization " In: Journalism Quarterly, Vol.57.1993.

53- Media Relations Report . 5-3-2001 Royan Communications.

54- Media, Relations Report 5-3-2001 Royan Communications P. MOORE S . An Invitation to Public Relations.

55- Membership directory and service guide (IPRA) 2003-2004.

56- MOORES An Invitation to public Relations .

57- Neame, Neurman, : A guide to Practice of public relation .

58- Newson Doug Scott Hlou Turk Judy Vauslyke. This Is. PR: The Realities Of Public Relatious : 5th ad- Belmont, Cal, 1993).

59- Newson. Doug & Carrell Bob Bublic Relations Writing : From & Style (Belmont Ca: Wadsworth Publishing Company 1986).

60- P. Piamante, John An Employee Motivatinal System That Leads to Excellent Persformance,"personnel, sep- oct-1998.

61- P. Vecchio Robert Organizational Behavior,(Chicago: Rinehart and Winston, Inc, 1988).

62- Peter Sheldon Green, Reputation Is Everything (Burr Ridge. III : Richard D. Irwin, 1994).

63- Plamer Fred. Opinion Research: as an Aid to Public Relations Practice: Address at International Coufereuce in Public Opinion Research- Pennsylvania, 1948, September(B).

64- PR in Russian 2000 N 3p 63.

65- PUBLIC RELATIONS IN PRACTIC. London. 1996.

66- Rex Harlow : Social Science in public Relations, (New York : Harper and Brothers, 1997.

67-   S. Shapiro, Irving, "Managerial Communications : The View From inside, California Management Review, (vol, XXXVII, watt communication in Business, (N.J prentice – Hall Inc 1992).

68-   Schwartz James: The Publicity Process (Ames, Lowa, The Iwa State University Press : 1966.

69-   Selltiz Claire, et. Al, Research in Social Relations New York, halt Rinenhart and Winston Inc, 1976.

70-   Shin Hochang, Job Satisfaction Among public Relations, Practitioners in the United States as a Function of Role, Role- Taking Professionalism and Critical Orientation. Unpublished Ph. D. dissertation: Ohio University, 1989.

71-   Simon Raymons Public Relations Concept & Practice (Columbus: Grid , 1976).

72-   Simon, Raymond, Public Relations,Concept & Practice 2 nd ed. Grid Publishing co. Columbus ohio, 1980.

73-   Sliver, Gerald A, Introduction to Modern Business, Mc Graw Hill Book Co. New York . 1978.

74-   Strategic Public Relation. London, 1996.

75-   Thayer L. communication and communication Systems in Organizations Richard D. Irwin, Inc, 1968.

76-   V. Lewis Phillip , Organizational Communication, The Essence of Effective Management (Columbus : Grid Publishing Inc, 1980, Second Edition).

77-   W, Mindak and S Fine , "A Figh: Public Relations in Donnelly and George, the (1) Marketing of Services ANA. 1981.

78-   W,Goddard, Robert," Work force 2000 "Personal Journal (Vol. 68, No0 2 Feb 1993.

79-   W. Evans Desmond, Communication At Work (London: Pitman Publishing , 1987, Second Edition).

80-   Whitny Fredrich Mass and Mass Communication in Society (Dubuque Lowo, wm.C. Brown co, 1975.

81-   Willa, M. and B, J. Walton , Balancing Job Satisfaction and Performance, Quorum BKS, New York. 1993.

82-   Zaremba Alan. "Communicating Upward, "Personnel Journal, Vol- 68. No, 3. 1989.

83-   http://ar.wikipedia.org/wiki

84-   http://www.alriyadh.com/2009/09/21/article460815.html

85-   http://www.australianpolitics.com/news/2002/08/02-08-26.shtml

86-   http://www.fiction.net/tidbits/politics/pc.htm

87-   http://www.capc.co.uk/PC_Scrapbook_Main.htm

T0165122

Printed in the United States
By Bookmasters